交通工程建设与经济发展

赵 荣 许金飞 孟立芳 主编

吉林科学技术出版社

图书在版编目（CIP）数据

交通工程建设与经济发展 / 赵荣，许金飞，孟立芳
主编 . -- 长春：吉林科学技术出版社，2022.9
ISBN 978-7-5578-9770-3

Ⅰ . ①交… Ⅱ . ①赵… ②许… ③孟… Ⅲ . ①交通运
输经济－经济发展－研究－中国 Ⅳ . ① F512

中国版本图书馆 CIP 数据核字 (2022) 第 179504 号

交通工程建设与经济发展

主　　编　赵　荣　许金飞　孟立芳
出 版 人　宛　霞
责任编辑　乌　兰
封面设计　姜乐瑶
制　　版　姜乐瑶
幅面尺寸　170mm×240mm　　1/16
字　　数　130 千字
页　　数　120
印　　张　7.5
印　　数　1-1500 册
版　　次　2022 年 9 月第 1 版
印　　次　2023 年 3 月第 1 次印刷

出　　版　吉林科学技术出版社
发　　行　吉林科学技术出版社
地　　址　长春市净月区福祉大路 5788 号
邮　　编　130118
发行部电话 / 传真　0431-81629529　81629530　81629531
　　　　　　　　　　81629532　81629533　81629534
储运部电话　0431-86059116
编辑部电话　0431-81629518
印　　刷　三河市嵩川印刷有限公司

书　　号　ISBN 978-7-5578-9770-3
定　　价　55.00 元

编委会

前　言

随着我国国民经济的高速发展及城镇化、机动化进展的加快，交通需求迅速增长，交通问题已成为社会经济发展、人民生活水平提高的一个制约因素，交通问题已越来越受到人们的重视。同时，伴随交通运输业的发展，加强交通运输业建设，不仅可以加速各种商品的流通，也可以促进各种经济要素的流动，方便人们的出行，改善人们的生产和生活条件，提高人们的工作效率和消费水平。在社会主义国民经济大发展这个过程中，交通经济无疑是发展国民经济中重要的组成部分，它不仅能为道路沿线和工业地区创造、提供一种良好的间接经济效益，更能对当地国民经济的协调发展起到比较积极的推动作用。

本书从交通运输的实际情况出发，考虑到交通工程学科综合性、系统性、交叉性、动态性的特点，书中注重交通工程基本概念、基本理论及基本方法的阐述。本书第一章分析交通工程建设的基础，内容包括交通要素及特性、交通调查与数据采集、道路通行能力与服务水平、交通运输与经济发展的关系；第二章探讨交通工程规划设计与管理；第三章分析交通运输的需求与供给；第四章围绕交通运输成本构成及特征、交通运输价格及制订策略、交通运输价格的管理展开研究。

全书内容翔实、丰富，具有较强的理论性、实践性和指导性。

笔者在撰写本书的过程中，得到了许多专家学者的帮助和指导，在此表示诚挚的谢意。由于笔者水平有限，加之时间仓促，书中所涉及的内容难免有疏漏之处，希望各位读者多提宝贵意见，以便笔者进一步修改，使之更加完善。

目 录

第一章 交通工程建设的基础

在道路工程的基础上发展而来的交通工程，范围覆盖广泛，是推动现代化社会进步与发展的必要措施，建立起可靠、完善的交通基础条件，有助于实现各产业的协调发展，促进经济活动的稳定运行与展开。本章围绕交通要素及特性、交通调查与数据采集、道路通行能力与服务水平、交通运输促进经济发展展开论述。

第一节 交通要素及特性

交通特性分析是进行合理的交通规划、设计运营、管理与控制的前提。交通特性分析的重点是研究道路交通系统各基本要素（人、车、路）的自身特性以及各要素之间的相关特性。

一、人－车－路的特性

（一）人

道路交通系统中的人包括驾驶员、乘客和行人。人是交通系统中的主要部分，贯穿于交通工程学的各个方面。例如，汽车的结构、仪表、信号、操作系统应当适合驾驶员操纵，交通标志的大小、颜色、设置地点应考虑驾驶员的视觉机能，道路线形的设计要符合驾驶员的视觉和交通心理特性，制定的交通法规、条例应合情合理，等等。

1.驾驶员

（1）驾驶员的职责和要求

在道路交通要素中，驾驶员具有特别重要的作用。因为除了行人和自行车交通以外，其他的道路客、货运输都要由驾驶员来完成。驾驶员既要保证将旅客和货物迅速、顺利、准时送到目的地，又要保证旅客安全、舒适及货物的完好。同时，行人和自行车交通也使用同一道路网络，并且受到机动车交通的影响。交通事故统计表明，绝大多数交通事故直接、间接地与驾驶员有关。因此，要求驾驶员具有高度的社会责任感，良好的职业道德、身体素质、心理素养，熟练的驾驶技术。充分认识和掌握驾驶员的交通特性，对于保证交通运输的正常运行以及人民生命财产的安全是十分重要的。

（2）驾驶员的反应操作过程

驾驶员在驾驶车辆过程中，首先通过自己的感官（主要是眼、耳）从外界环境接收信息，产生感觉（视觉和听觉），然后通过大脑一系列的综合反应产生知觉。知觉是对事物的综合认识。在知觉的基础上，形成所谓"深度知觉"，如目测距离、估计车速和时间等。最后，驾驶员凭借这种"深度知觉"形成判断，从而指挥操作。在这个过程中，起控制作用的是驾驶员的生理、心理素质和反应特性。

（3）驾驶员的心理特点和个性特点

驾驶员的身心健康是安全行车必不可少的条件。思想上注意安全行车，平静的精神状态、安定谨慎的性格也是必要的条件之一。研究表明，情绪不稳定、易冲动、缺乏协调性、行为冒失往往容易造成行车事故。相反，情绪稳定、行为谨慎、有耐心的驾驶员发生交通事故的情况就少些。

（4）驾驶特性

驾驶实际上是一个连续的动态过程，车辆位置对时间的一阶和二阶导数（速度、加速度）通过加速器（油门）和刹车控制连续变化。

（5）驾驶疲劳

驾驶疲劳是指由于驾驶作业引起的身体上的变化、心理上的疲劳以及客观测定驾驶机能低落的总称。

驾驶员长时间开车会发生疲劳，这时感觉、知觉、判断、意志决定、运动等都受到影响。统计表明，因疲劳产生交通事故的次数，约占总事故的1%～

1.5%。因为疲劳很难明确判断，所以实际上因疲劳发生的事故比上述数字要大。试验发现，驾驶员以100 km/h的速度行进，30~40 min之后，出现抑制高级神经活动的信号，表现欲睡，主动性降低。2 h后，生理机能进入睡眠状态。在一般情况下，驾驶员一天行车超过10 h，前一天的睡眠时间不足4.5 h者，事故发生率明显增高。因此，对驾驶员一天的开车时间长短、连续行驶距离、睡眠，都应加强管理，作出具体规定。

目前对疲劳的检查方法一般有生化测定、生理机能测定、神经机能测定、自觉症状申述等。从交通心理学的角度看，常被采用的方法有触两点辨别检查、颜色名称测验、反应时间检查、心理反应测定、驾驶员动作分析等。

在行车过程中，如果出现动作不及时、或迟或早、操作粗糙、不准确、情绪低落、身体不适等情况，则要求驾驶员停车休息，避免肇祸。

2.乘客

（1）乘客的交通需求心理

人们总是抱着某种目的（如上班、上学、购物、公务、社交、娱乐等）去乘车，为乘车而乘车的旅客几乎没有。乘车过程本身意味着时间、体力、金钱的消耗。因此，人们在乘车过程中总是希望省时、省钱、省力，同时希望安全、方便、舒适。道路设计、车辆制造、汽车驾驶、交通管理及交通设施布设等，都应考虑到乘客的这些交通心理要求。

（2）乘车反应

不同的道路等级、线形、路面质量、汽车行驶平稳性、车厢内的气氛、载客量、车外景观、地形等对乘客的生理、心理反应都有一定的影响。

研究表明，汽车在弯道上行驶，当横向力系数大于0.2时，乘客有不稳定之感；当横向力系数大于0.4时，乘客感到站立不稳，有倾倒的危险。汽车如果由长直线直接转入圆曲线，并且车速较快，乘客就感到不舒服。因此，在公路线形设计中，对于平曲线的最小半径和缓和曲线的长度等均有明确规定的标准。

道路路面开裂、不平整，引起行车振动强烈，乘客受颠簸之苦，厉害时使人感到头晕、恶心、呕吐。

在山区道路上或陡边坡或高填土道路上行车，乘客看不到坡脚，易产生恐惧心理。如果在这种路段的路肩上设置护栏或放缓边坡，则可消除乘客的不安全心理。

乘车时间过长，容易产生烦躁情绪。为此，路线的布设应考虑到美学要求，尽量将附近的自然景物、名胜古迹引入司机和乘客的视野，使乘客在旅途中能观赏风光、放松精神、减轻疲劳感。

每个乘客都有一定的心理空间要求。心理空间是指人们在自己周围划出的、确定为自己领域的不可见区域。当个人的心理空间遭到外界不该闯入的人或物的侵袭时，人的心理会感到压抑、厌恶、排斥。乘车拥挤不但消耗人的体力，而且给乘客心理上造成额外的压力。

由于体力、心理、生活、就业等方面的原因，城市居民对日常出行时间的容忍性有一定限度。居民的居住地如果离市中心或工作地点的距离超出了可容忍的最大出行时间，则他们对居住地的位置以及交通系统服务就不会满意。

（3）社会影响

乘车安全性、舒适性、满意性不仅对乘客个人的生理、心理有影响，同时也对社会产生预想不到的影响。上下班等车与路途上时间过长、多次换乘、过分的拥挤给乘客造成疲劳、心理压力、情绪烦躁，就难免产生下列情况：①容易引起乘客纠纷，发生过激行为；②既有损乘客的身体健康，又会使劳动效率降低；③下班回家过迟，影响家庭和睦；④引起居民对公交服务系统的不满；⑤影响居民对社会生活和公共事业的态度。

3.行人

步行交通是与人类生活密不可分的一项活动。步行能够使个人与环境及他人直接接触，达到生活、工作、交往、娱乐等各种目的。为了满足步行者的生理、心理和社会需要，并保证他们不消耗过多的体力、不受其他交通的干扰、不发生交通事故，就必须提供必要的物质设施。这些设施的规划、设计、实施需要对行人交通的特性有很好的认识和理解。

行人交通特征表现在行人的速度、对个人空间的要求、步行时的注意力等方面。这些与行人的年龄、性别、出行目的、教养、心境、体质等因素有关，也与行人生活的区域、周围的环境、街景、交通状况等有关。

（二）车辆

车辆的特征和性能在确定交通工程的某项任务中起着重要的作用。车辆尺寸、质量决定道路桥梁几何设计、结构设计以及停车场地等交通设施的设计；

车辆的各种运行性能与使用这些性能的驾驶员相结合，决定交通流的特性和安全。目前，公路、城市道路上通行的各种车辆，有小汽车、公共汽车、货车、特种车、摩托车和自行车等，这里仅扼要介绍汽车交通特性和自行车交通特性。

1.汽车

（1）设计车辆尺寸

车辆尺寸与道路设计、交通工程有密切关系。例如，制定公共交通规划时，要用到公共汽车额定载客量的参数；研究道路通行能力时，要使用车辆长度等数据；车辆宽度影响着车行道宽度设计等。

（2）动力性能

汽车动力性能通常用三方面指标来评定，即最高车速、加速度或加速时间、最大爬坡能力。

（3）制动性能

汽车的制动性能是汽车的主要性能之一，直接关系到交通安全，是汽车安全行驶的重要保障。汽车制动性能主要体现在制动距离或制动减速度上。汽车的制动性能，还体现在制动效能的力度稳定性和制动时汽车的方向稳定性上。制动过程实际上是汽车行驶的动能通过制动器转化为热能。所以在制动片温度升高后，能否保持在冷状态时的制动效能，对于高速时制动或长下坡连续制动都是至关重要的。

2.自行车

自行车交通是目前我国城市交通的一大特点，除个别因地形、温度等影响的城市自行车不多外，其他城市自行车出行均占有较大的比例。一般大城市自行车出行量占总出行量的20%～30%，中小城市占30%～40%。因此，研究自行车的交通特性，对于治理城市交通、保障交通安全具有重要的意义。

（1）自行车的基本特性

一是短程性。自行车是靠骑车人用自己的体力转动车轮，因此其行驶速度直接受骑车人的体力、心情和意志的控制，行、止、减速与制动亦决定于骑车人的操纵。同时，也受到路线纵坡度、平面线形、车道宽度、车道划分、气候条件与交通状况的直接影响。个人的体力虽有强、弱之分，但总是很有限的。因此，只适应于短距离出行，一般在5～6 km（或20 min左右）。

二是行进稳定性。自行车静态时直立不稳，当以一定速度前进时，则可保持行进的稳定性，只要不受突然加之的过大横向力的干扰，是可以稳定向前、而不致侧向倾倒的。

三是动态平衡。自行车骑行过程中重心较高，因此，存在如何保持平衡的问题，特别是在自行车转向或通过小半径弯道时，就必须借助于人体的变位或重心倾斜以维持运行中的动态平衡，一般有以下三种情况：①中倾平衡。人体同车倾斜角度一致，即自行车的中心线同身体的中心线完全重合。②内倾平衡。自行车的倾斜角度小于人体的倾斜角度。③外倾平衡。自行车的倾斜角度大于人体的倾斜角度。这种巧妙的动态平衡，每位熟练的骑车人都在实践中逐步掌握并应用自如。

四是动力递减性。自行车前进的原动力是人的体力，是两脚蹬踏之力。一般成年男子，10 min以上可能发挥出的功率约为220.6 W；成年女子则约为147.1 W；儿童更小，约为73.5 W。持续时间越长，则可能发挥出的功率越小，车速亦随之减小。这就是动力递减的结果，一般自行车出行不宜超过10 km。

五是爬坡性能。由于自行车的动力递减，对于普通无变速装置的自行车，不能爬升大坡、长坡，也不宜爬陡坡，否则控制不住易酿成危险。通常规定在短坡道上坡度不大于5%，长坡道上坡度不大于3%；对纵坡3%、4%与5%的坡道，其坡长限制分别为500 m、200 m和100 m。当然，对于北方冰雪地区，其坡度与坡长更应减小，否则冬天无法骑车。

六是制动性能。自行车的制动性能，对于行车安全与通行能力具有重要意义，它与反应时间一起决定纵向安全间距。

（2）自行车流的交通特性

一是群体性。由于自行车众多，在多车道高峰时间常首尾相连、成群结队的骑行，甚至连绵不断，像水流一样不可遏止。

二是潮汐性。在信号灯控制的路段，自行车车流由于受到交叉口红灯的阻断，常一队一队地像潮汐一样向前流动。

三是离散性。在车辆不多时，为了不受其他骑行者的约束与干扰，有不少骑车人常选择车辆少、空档大的路段骑行。在这样的车道上行驶可以自由、机动。

四是赶超现象。青年骑行者多喜欢超赶其他自行车，甚至有相互追逐、你追我赶的现象。

五是并肩或并排骑行。下班或放学的青年人，常三五成群地并肩骑行，甚至拉手、搭肩，使其他自行车无法通过，形成压车现象。

六是不易控制。由于自行车灵活机动，特别在机动车与非机动车混行的车道上，有空就钻，常常不遵守交通法规，甚至闯红灯或逆向骑行。

（三）道路

道路是汽车交通的基础、支撑物。道路必须符合其服务对象的交通特性，满足它们的交通需求。道路服务性能的好坏体现在量、质、形三个方面，即道路建设数量是否充足，道路结构和质量能否保证安全快速行车，路网布局、道路线形是否合理。另外，还有附属设施、管理水平是否配套等。

1.路网密度

要完成一定的客、货运输任务，必须有足够的道路设施。路网密度是衡量道路设施数量的一个基本指标。一个区域的路网密度等于该区域内道路总长与该区域的总面积之比。一般地讲，路网密度越高，路网总的容量、服务能力越大。但路网的密度也不是越大越好，道路网密度的大小应与一定的经济发展水平相当，与所在区域内的交通需求相适应，应使道路建设的经济性和服务水平以及道路系统的社会效益、经济效益、环境效益得到兼顾和平衡，既要适当超前，也要节约投资。在我国《城市综合交通体系规划标准》（GB/T 51328-2018）中，给出了不同规模城市的干线道路网络密度以及城市不同功能区的路网密度推荐值，可供实际应用时参考。

2.道路结构

道路结构基本部分是路基、路面、桥涵，另外还有边沟、挡墙、盲沟、护坡、护栏等，亦属其组成部分。这些结构物的设计标准和使用要求将在"路基工程""路面工程""桥梁工程"等有关课程中介绍，这里不再重复。

3.道路线形

道路线形是指一条道路在平、纵、横三维空间中的几何形状，传统上分为平面线形、纵断面线形、横断面线形。线形设计的要求是通畅、安全、美观。随着交通需求的增大和道路等级的提高，人们对道路线形的协调性、顺适性的要求也越来越高，更加强调平、纵、横线形一体化，即立体线形的设计。

4.道路网布局

道路的规划、设计不能仅仅局限于一个点、一条线，而应从整个路网系统着眼。路网布局的好坏对整个运输系统的效率有很大影响，良好的路网布局可以大大提高运输系统的效率，增加路网的可达性，节约大量的投资，节省运输时间和运输费用，以取得良好的经济效益、社会效益与环境效益。

对于不同的区域、不同的城市，不存在统一的路网布局模式。路网布局必须根据所在区域的自然、社会、经济情况等选取。典型的公路网布局有三角形、并列形、放射形、树杈形等。典型的城市道路网布局有棋盘形（方格形）、带形、放射形、放射环形等。

二、交通量特性

"交通量（Volume）是指单位时间内，通过道路某一地点、某一断面或某一车道的交通实体数。"[1]按交通类型分，有机动车交通量、非机动车交通量和行人交通量，一般不加说明则是指机动车交通量，且指来往两个方向的车辆数。

交通量是一个随机数，不同时间、不同地点的交通量都是变化的。交通量随时间和空间而变化的现象，称之为交通量的时空分布特性。研究或观察交通量的变化规律，对于进行交通规划、交通管理、交通设施的规划、设计方案比较和经济分析以及交通控制与安全，均具有重要意义。

交通量时刻在变化，在表达方式上通常取某一时间段内的平均值（如高峰小时、一天、一个月等）作为该时间段的代表交通量。当时间段不足 1 h 时，所计算的平均交通量通常称为流率。

按平均值所取的时间段的长度计，常用的平均交通量有年平均日交通量、月平均日交通量、周平均日交通量。其中，年平均日交通量在城市道路与交通工程中是一项极其重要的控制性指标，用作道路交通设施规划、设计、管理等的依据，其他平均交通量系供交通量统计分析、求各时段交通量变化系数，以便将各时段平均交通量进行相互换算之用。

（一）时间分布特性

1.月变化

一年内各月交通量的变化称为月变化，以一年为周期，统计12个月的交通量，每个月的交通量均不尽相同。以月份为横坐标，月平均日交通量相当于年平

---

① 于德新.交通工程学[M].北京：北京理工大学出版社，2019：57.

均日交通量的百分数为纵坐标，绘成曲线图，则此曲线简称为交通量的月变图。而年平均日交通量与月平均日交通量之比，称为交通量的月变系数（或称月不均衡系数、月换算系数）。

2.周变化

交通量的周变化是指一周内各天的交通量变化，因此也称日变化。对于一定的城市或某个路段，交通量的日变化存在一定规律。我国城市道路，一般各工作日的交通量变化不大，而在节、假日（或休息日）则变化显著，交通量一般都要小一些。在公路上，一周内交通量变化较城市为小。

显示一周内7 d中交通量日变化的曲线叫作交通量日变图。通常用此图或周变系数来描述一周内日交通量的变化。周变系数定义为：年平均日交通量除以某周日的平均交通量。某周日的平均日交通量等于全年所有该周日的交通量除以全年该周日的总天数。

3.时变化

一天24 h中，每个小时的交通量亦在不断地变化。表示各小时交通量变化的曲线，称为交通量的时变图，亦有采用直方图表示的。

也可以用某一小时或某一时段交通量占全日交通量之比表示交通量的时变规律，常用的有16 h（6∶00～22∶00）或12 h（6∶00～18∶00），亦有用18 h（4∶00～22∶00）交通量占全日交通量之比及高峰小时占全日交通量之比作为特征变化系数。

（1）高峰小时交通量

在城市道路上，交通量时变图一般呈马鞍形，上下午各有一个高峰，交通量呈现高峰的那个小时，称为高峰小时，高峰小时内的交通量称为高峰小时交通量。高峰小时交通量占该天全天交通量之比，称为高峰小时流量比（以%表示），它反映高峰小时交通量的集中程度，并可供高峰小时交通量与日交通量之间作相互换算之用。

（2）高峰小时系数

高峰小时系数就是高峰小时交通量与高峰小时内某一时段的交通量扩大为高峰小时的交通量之比。一般将高峰小时划分为5 min、6 min、10 min或15 min的连续时段内的统计交通量，此连续5 min、6 min、10 min或15 min所计交通量中最大的那个时段，就是高峰小时内的高峰时段，把高峰时段的交通量扩大为1 h的高峰小时交通量，因此，高峰小时系数系是指高峰小时交通量与扩大的高峰小时交通量之比。

（二）空间分布特性

交通量的大小与社会经济发展速度、人民文化生活水平、人口分布、气候、物产等多方面因素有关，它除了随时间而变化外，还随空间位置的不同而变化。这种随空间位置而变化的特性称为空间分布特性，一般是指交通量在同一时间或相似条件下，随地域、城乡、路线、方向、车道等的差别而变化的情况。

1.城乡分布

由于城乡之间经济发展、生产与文化活动对交通的需求不同，以及人口密度和汽车拥有量的差别，城乡道路上的交通量有显著差别。一般说来，城市道路上的交通量高于郊区道路，近郊高于远郊，乡村道路交通量最低。

2.在路段上的分布

由于路网上各路段的等级、功能、所处的区位不同，在同一时间内，路网上各路段的交通量有很大不同。一般我们用路网交通量分布图来表示交通量在各路段上的分布。从路网交通量分布图上，可以很明显地分辨出路上交通的主要流向、走廊，判断交通量分布的均匀性。

3.交通量的方向分布

一条道路往返两个方向的交通量，在很长时间内，可能是平衡的，但在某一段时间内，如一天中某几个小时，两个方向的交通会有较大的不同。

4.交通量在车道上的分布

多车道道路上，因非机动车数量及车辆横向出入口数量的不同，各条车道上交通量的分布也是不等的。在交通量不大的情况下，一般靠近右侧车道的交通量比较大。随着交通量增大，靠近中心线的车道交通量比重也增大。

三、交通流特性

道路交通流是一个复杂动态系统，交通流特性是进行道路设计、服务水平分析、通行效率研究等的重要基础，交通流的运行状态可以由交通流参数来描述。下面结合交通流参数测量方法，阐述交通流基本参数及特性。

（一）交通流的测量方式

交通流的主要参数包括流率（单位时间通过某断面车辆数）、速度（单位时间行驶距离）、驾驶时间（距离已知情况下）、占用率（固定道路断面被车辆占用的时间比率）、密度（单位距离内车辆数）、车头时距（个体车辆间时间距离）和车头间距（个体车辆间空间距离）等。

根据交通流参数定义中关于时间跨度或空间跨度的要求，不同测量方式所能得到的交通流参数不同。下面给出具体说明。

1.点

可以在点测量的交通流参数包括流率、车头时距和速度。密度不可以直接通过在一点测量得到。传统点测量方式包括计数器和气动管。目前基于感应检测器的点测量方式包括微波、雷达、光敏电阻、超声波和摄像头等技术。

2.短路段

早期采用布设距离很近的双气动管测量短路段交通流参数，之后主要采用双地感线圈测量技术，布设间距约为5～6 m。占有率可通过短路段测量得到，占有率定义为仪器的检测区域被车辆占用的时间比例。短路段测量不能直接得到密度，但通过计算可以得到密度。

3.长路段

长路段（或连续路段）测量主要来自摄像机或航空拍摄，且观测路段通常大于0.5 km。视频得到的单个帧图像，只能测量密度；单帧没有时间跨度，因此不能测量占有率和速度。如果有多帧可用，速度也可以测量得到。

密度须在单个时间点测量。流量是随时间变化经过固定点的车辆数量。因此，流量和密度是不同的测量维度，分别属于固定时间点和固定空间点测量。

（二）交通流率的特性

流率可直接通过点测量得到。交通流量和流率之间存在一定区别。两者计算公式一致，通常都用每小时车辆数来表示，但测量的时间间隔存在一定差异。流量的测量时间较长，通常为日或若干小时；而流率的实际测量时间可以比1 h小得多，美国通行能力手册建议使用至少15 min的间隔，但在智能交通系统中通常为30 s~5 min。

（三）行车速度的特性

行车速度既是道路规划设计中的一项重要控制指标，又是车辆运营效率的一项主要评价指标，对于运输经济、安全、迅捷、舒适具有重要意义。了解和掌握各道路上行车速度及其变化规律，是正确进行道路网规划、设计、运营、管理的基础。

1.行车速度的基本定义

设行驶距离为s，所需时间为t，则车速可用s/t形式表示。按s和t的取值不同，可定义各种不同的车速。

（1）地点车速

这是车辆通过某一地点时的瞬时车速，因此，观测时，s取值应尽可能短，通常以20～25 m为宜，用作道路设计、交通管制和规划资料。

（2）行驶车速

这是由行驶某一区间所需时间（不包括停车时间）及其区间距离求得的车速，用于评价该路段的线形顺适性或进行通行能力分析，也可用于道路使用者的成本效益分析。

（3）运行车速

这是指中等技术水平的司机在良好的气候条件、实际道路状况和交通条件下所能保持的安全车速，用于评价道路通行能力和车辆运行状况。

（4）行程车速

行程车速又称区间车速，是车辆行驶路程与通过该路程所需的总时间（包括停车时间）之比。行程车速是一项综合性指标，用以评价道路的通畅程度，估计行车延误情况。要提高运输效率，归根结底是要提高车辆的行程车速。

（5）临界车速

这是指道路理论通行能力达到最大时的车速，对于选择道路等级具有重要作用。

（6）设计车速

这是指在道路交通与气候条件良好的情况下仅受道路物理条件限制时所能保持的最大安全车速，用作道路线形几何设计的标准。

（7）期望车速

这是指车辆行驶过程中不受或基本不受其他车辆约束的条件下，驾驶员心目中希望达到的最高安全行驶车速。在不同驾驶员心目中，确定的期望车速大小存在不同。

（8）限速值

这是指对一定长度距离内的路段规定一定数值范围内的行车速度，一般用于防止司机因超速驾驶而带来安全隐患，预先提醒司机在前方后续路段行驶中合理控制车速、防范危备。

限速值具有强制性，通常在路标中标识，由交通警察执行管理。国外道路限速值的确定，一般以自由流下的85%位车速作为最高限速值。我国实际应用中，一般以公路的设计速度作为其限速值。限速值一般大于行驶车速、运行车速、行程车速和临界车速。先进的可变限速技术主要考虑高速公路、城市快速道路上的行车速度、车流量、天气状况、道路状况等因素，通过可变信息标志向道路使用者发布动态限速信息，并以此影响道路使用者的驾驶行为。

2.行车速度的统计分布特性

行车速度与交通量一样，也是一个随机变量。研究表明在乡村公路和高速公路路段上，运行车速一般呈正态分布；在城市道路或高速公路匝道口处，车速比较集中，一般呈偏态分布，如皮尔逊Ⅲ型分布。

3.时间平均车速与空间平均车速

由于平均数常常是表示数据集中特性的数值，所以车速也常常用平均值表示，如时间平均车速、区间平均车速。两者的区别在于测量方法上的差异，时间平均车速为在单位时间内道路某断面车辆车速，空间平均测速为在单位道路长度内某时间片刻的车辆车速。

4.车速变化的影响因素

车速的变化特性是反映交通流特性的一个重要方面，它能说明车速在人、车、路和环境等因素影响和交通流作用下所产生的变化。其主要因素有如下几项：

（1）驾驶员对车速的影响

汽车行驶速度除众所周知的与驾驶员的技术水平、开车时间长短有关外，还与驾驶员的个性、性别、年龄和婚姻状况有关。一般开新车、长途旅行的人比本地出行的人开得快，车上无乘客时比有乘客时开得快，青年、男性、单身驾驶员要比中年、女性、已婚的驾驶员开得快。

（2）车辆对车速的影响

车型和车龄对地点车速有显著影响，小汽车快于专用大客车，货车最慢，新车快于旧车。运货汽车的平均车速按轻型车、中型车、中型组合车、重型单辆车的次序依次降低。单辆车和组合车的平均车速随总重的增加而降低。

（3）道路对车速的影响

驾驶员采用的实际车速不是根据街道的等级，而是根据街道的实际状况，如街道类型、平纵线形、坡长、车道数和路面类型等对汽车行驶的影响而定的。另外，街道所处的地理位置、视距条件、车道位置、侧向净空和交叉口间距等对车速也有很大的影响。

（4）交通条件对车速的影响

一是交通量。大量的调查已确切地表明，当其他条件相同且不超过临界密度时，交通量和平均速度为线性关系。美国的资料表明，双车道道路双向总交通量约为2000辆（小汽车）/h，分隔行驶的四车道每条车道1000辆（小汽车）/h，临界车速为48 km/h，且平均车速随交通量增加而降低。二是交通组成。当有多种车辆混合时，互相干扰使车速降低，当机动车与非机动车分开行驶或用分隔带分开时，车速增高。城市街道的三块板断面比一块板断面的汽车速度要高。在机动车流中，重型车和拖挂车增加，则行车速度降低，小汽车增加则车速提高。三是超车条件。在具有良好超车条件的情况下车速上升，当交通量增加使超车受到限制时，平均车速随运货汽车的增加而迅速地下降。因为车速较快的车辆如果不能转移车道超过慢行车辆，就无法提高车速。四是交通管理。严格的管理、良好的秩序能显著地提高车速。近年来，在城市实行快慢分流、各行其道之后车速显著提高。五是交通环境。车速同时间、气候、地理环境等有密切的关系，在通往卫星工业城的干道上或市际干道上受地形因素的影响较大。

（四）交通密度特性

1.交通密度的界定

交通密度是指一条车道上车辆的密集程度，即在某一瞬时内单位长度一条车道上的车辆数，又称车流密度，常以K表示，其单位为辆/km（如为多车道，则应除以车道数换算成单车道的车辆数，然后再计算）。

交通量由零逐渐增大，接近或达到道路通行能力时的车流密度称为临界密度，相应车速称为临界速度。临界密度反映交通流量最大时的密度，故又称为最佳车流密度。当密度继续增大，导致所有车辆无法通行时，速度趋近于零，交通流量也趋近于零，此时的密度称为阻塞密度。

密度是对车辆在空间上拥挤程度的表示，而对车辆在时间上的拥挤程度通过占有率来表示。对于特定的时间间隔T，占有率是车辆覆盖检测器时间的总和除以总的时间间隔T。例如，统计时间1 h，检测器检测到车辆存在的时间为30 min，此时的车道占有率为50%。对于单个车辆来说，车辆覆盖检测器的时间由车辆的速度V和它的长度L加上检测器本身的长度J所决定。也就是说，车辆覆盖检测器的时间计算从车辆前保险杠进入时间检测区域开始，直到后保险杠离开时间检测区停止。

当前在智能交通系统快速发展下，交通流占有率比密度指标更为重要，其原因在于目前市面上的交通流检测器（如感应线圈、微波等）能够测量的是时间占有率，而无法直接测量密度。车流量和时间占有率呈抛物线关系，当车道占有率为零时，其流量也为零；随着车流量的增加，车道占有率持续增加；占有率达到关键值时，车流量达到最大值，此时交通流处于通行能力状态。如果车道占有率持续增加，则交通量急剧下降，从而引起交通拥堵。由此可以看出，车道占有率过高是交通拥堵的征兆，可通过交通控制与诱导措施及时调整占有率值。

2.车头间距与车头时距

在同向行驶的一列车队中，相邻两辆车的车头之间的距离称为车头间距（或间隔）。路段中所有车头间距的平均值称为平均车头间距。如果用时间表示车头之间的间隔，则称为车头时距或时间车头间隔。道路上车流的车头间距反映交通密度。

3.交通密度资料的应用

道路上交通量较小时，车头间距较大，交通密度小，驾驶员可以自由选择行驶车速；当交通量增大时，车头间距缩小，密度加大，车辆行驶时相互制约。随着交通密度进一步增大，车辆拥挤，车速下降，驾驶自由度极小，车辆走走停停，直到车辆趋于停驶状态。交通流密度与流率和速度唯一对应，因此从车流密度的大小，可以判定交通状态和拥挤情况，从而决定应采取何种管理措施。

交通流密度也是快速道路智能交通控制算法中的关键变量。以往研究发现交通流密度可以作为判断交通流通行能力下降和交通流失效现象发生概率的重要指标，智能交通控制技术（如入口匝道控制、可变限速控制等）通过将交通瓶颈路段的交通流状态控制在关键密度（或关键占有率）附近，从而在最大限度上利用道路通行能力，维持较高的车辆通过流率，减少车辆总通行时间和延误。

第二节　交通调查与数据采集

随着我国经济社会的不断发展，当前社会的主要矛盾已发生转变，体现在交通运输领域的主要矛盾就是人民美好生活中日益增长的交通需求和不平衡、不充分的交通供给之间的矛盾，这就要求交通工作者不仅能够准确掌握交通现状及其变化规律，更能预先判断不同区域未来交通需求下所要求提供的相应道路工程设施及交通管理控制手段。这些都必须通过广泛、深入、可持续的交通调查和数据采集才能做到。

一、交通调查

交通调查是进行科学的交通规划、设计、运营、管理、控制与评价的基础。交通调查的关键是从调查目的出发，根据被调查对象的特性、采用合适的调查方法、通过可靠的技术手段，以采集有效、及时的交通数据。

（一）交通调查的目的与意义

"交通调查是指通过实测与分析判断，掌握交通运行状态及有关交通现象的工作过程。通过交通调查掌握交通流运行特性、变化规律及存在问题，为交通、规划、环保及公安交通管理等部门提供用于改善、优化道路交通的各种翔实数据信息，从而进行科学决策。"[1]在城市交通规划、交通管理与控制、交通安全保障、交通拥堵问题分析、交通流理论研究等方面具有重要作用。

---

[1]　蔡果，何树林.道路交通工程[M].北京：中国人民公安大学出版社，2015：121.

交通调查对象是道路上参与交通的交通流，以及与交通流运行状态有关的其他参数。

开展交通调查，是为了满足交通科学研究和工程应用的需求，通过采集基础数据和信息，为科学规划、设计、管理等工作夯实基础，为交通运输、规划建设、环境保护、交通管理等政府职能部门以及科研院、设计院等技术部门乃至社会其他行业提供支撑服务。

如前所述，交通流特性是通过实际交通流中某些特定的交通流参数（诸如交通量、行车速度、交通密度等）大小与变化规律来表示。与交通有关的其他现象（如交通事故、对环境的危害程度、车辆停放等，也都由相应的量值及发生的形式来反映）对交通流也有一定影响。因此，在交通特性分析、交通规划、设计、管控、安全等领域中都需要了解和掌握各种参数变量，为此必须进行交通调查。

交通调查所获的数据在交通工程领域中有着广泛应用，这些数据不仅可以定量描述交通系统的需求，还可以应用于交通系统设施管理、建立时间趋势、研究出行行为、标定参数、评价改善措施的有效性等。

（二）开展交通调查的要求

交通调查是自然科学与社会科学的有机统一。开展交通调查，需要注意以下三点：

第一，交通调查人员要有较好的素养。交通调查在多数情况下是在交通现场进行观测统计，工作量大、条件差，持续时间长且要求一定的实测精度。为此要求调查人员要有较好的素质，其中包括职业道德、专业技术、分析能力和工作态度。此外，交通调查工作还经常涉及社会各个方面，需要有较好的涵养、良好的沟通交流、协作组织能力，只有这样才能做好这项工作。

第二，要遵循实事求是的原则。不论出于何种调查目的，还是使用何种调查、分析方法，都应遵循实事求是的原则，对交通调查对象进行实地观测统计或数据采集，切忌主观臆断，更不能弄虚作假，否则会导致错误结论，这将给规划、设计等后续工作带来极大危害。

第三，要认识到调查的局限性。任何调查都是在某些特定条件下进行的，从具体到一般的过程中必然受到诸如调查环境改变的制约、调查参数大小与变化规律的波动等，这些条件经常变化。因此，交通调查总是在对应于某些条件下进行的，这些条件在调查中必须予以注明。某些特定目的调查必须真实反映特定的实际道路与交通条件，以防止失真。

（三）道路交通调查的丰富内容

道路交通调查的内容非常丰富，其主要包括交通流要素调查、交通规划调查、交通事故调查、交通管理调查、交通环境调查，等等。

1.交通流要素调查

包括描述交通流特性的主要参数：交通量、车速、密度及有关车头间距、占有率等调查。

2.交通规划调查

包括土地利用与交通基础设施调查，交通生成、分布与分配特性等调查，其中常见的有起讫点调查、居民出行调查等。

3.交通事故调查

包括对交通事故发生次数、伤亡、性质、地点、原因的调查。

4.交通管理调查

包括交通政策法规（限行、收费等）、交通运行规则（单向、双向通行等）、交通组织与控制方案等的调查。

5.交通环境调查

包括交通对环境造成污染等方面的调查，如噪声、废气、振动、电磁场干扰等的调查，有时还需调查交通对名胜古迹、景观、生态与居民心理等方面所产生的影响。

二、数据采集的常用方法

数据采集是交通调查的重要内容和必要组成，是交通调查客观语义表述的展示形式。

数据采集的方法主要分为人工采集和机器采集两大类，并随着科技的进步而不断更新。本小节重点阐述当前常用方法的基本原理和特点。

（一）人工计数法

人工计数法是数据采集的最原始手段。如入口调查法只要有一个或几个调查人员，即能在指定路段或交叉口引道的一侧进行调查。该方法组织工作简单，调配人员和变动地点灵活，使用的工具除必备的计时器（手表或秒表）外，一般只需手动（机械或电子）计数器和其他记录所应用的记录板（夹）、纸和笔。

通常，调查所得的资料主要有：①分类车辆交通量。可根据公路部门、城建部门或其他需要对车辆分类、选择和记录，分类可以很细，调查内容甚至可区分空载或重载，车辆轴数多少，各种不同的分类车辆数。公交车辆的各种分类（如公共汽车或无轨电车、大或小型车、载客情况、公交线路区别）等。②车辆在某一行驶方向、某一车道（内侧或外侧、快车道或慢车道）上的交通量，以及双向总交通量。③交叉口各入口引道上的交通量及每入口引道各流向（左转、直行和右转）交通量，各出口引道交通量和交叉口总交通量。对于环形交叉口还可调查各交织段的交通量。④非机动车交通量和行人交通量。⑤车辆排队长度及车辆的时间和空间占有率等。⑥车辆所属车主（单位或个人），车辆所属地区（外省、外地区、本地），车辆所属部门或系统（公务车辆、运输企业车辆、社会车辆、特种车辆）。⑦司机和骑车人对交通管理和控制的遵守情况。

人工计数法的优缺点和适用范围：人工计数法适用于任何地点、任何情况的交通调查，机动灵活，易于掌握，且精度较高（当调查人员经过培训，比较熟练，又具有良好的责任心时），资料整理也很方便。但这种方法需要大量人力，劳动强度大，冬、夏季室外工作辛苦。对工作人员要事先进行业务培训，在现场要进行预演调查和巡回指导、检查。

另外，如需作长期连续的交通调查，需要较多的费用。交通调查中，一般适用于转向交通量调查，分车种交通量调查，车辆占用调查，行人、非机动车交通量调查。

（二）机械计数法

根据调查的要求，可以选择所需的自动机械计数装置，进行连续性调查，可以得到1天24小时交通量、1月累计交通量、1年累计交通量等各种数据。这种装置可以节省大量人力，使用方便，可以同时进行范围广泛的调查，精度也较高，特别适用于长期连续性交通量调查。但是这类装置也存在着一些不足，如一次性投资大，使用率往往不太高，特别是对调查项目适应性较差，在区分车辆类型、车辆分流流向以及对于行人交通量和自行车非机动车交通量等调查也往往作用有限，甚至无能为力。

自动机械计数装置一般由车辆检测器（传感器）和计数器两部分组成，分为便携式和永久式（或半固定型）两种，前者适用于临时、短期的交通量调查，后者适用于固定或长期的交通量调查。如果在某特定地点，搜集资料的时间从1天到1个星期，则在大多数情况下将采用便携式自动计数装置。在连续式观测站做长期调查，则往往采用固定式自动计数装置。

如果调查的资料可用机械方法得到，那么对于需要超过12 h的连续长期调查，就应当考虑用自动机械计数装置。这种形式的计数装置在只需车辆数量资料时（不分车辆类型、方向、交叉口或车道转向行驶以及车道使用等）具有广泛的应用。在某些情况下，再辅以人工调查抽样，用以确定交通流的车种构成和转向比例等。

（三）视频图像法

当前，利用录像机（摄像机或照相机）作为便携式记录设备，通过一定时间的连续图像给出定时间间隔的或实际上连续的交通流详细资料，这种方法在工作时要求设备升高到工作位置（或合适的建筑物），以便能观测到所需的范围，将摄制到的录像（影片或相片）重新放映或显示出来，按照一定的时间间隔以人工来统计。

这种方法搜集交通量或其他资料数据的优点是现场人员较少，资料可长期反复应用，也比较直观；其缺点是费用相对较高，整理资料花费人工多。因此，一般目前多用于研究工作的调查中。

对于交叉口交通状况的调查，往往采用录像法。通常将摄像机（或摄影机或时距照相机）安装在交叉口附近的某制高点上，镜头对准交叉口，按一定的时间间隔（如30 s，45 s或60 s）自动拍摄一次或连续摄像。根据不同时间的间隔情况下每一辆车在交叉口内其位置的变化情况，数出不同流向的交通量或流率。这种方法的优点是能够获取一组连续时间序列的画面，只要适当选择摄影的间隔时间，就可以得到最完全的交通资料，对于如自行车和行人通量、分车种分流向的机动车交通量、车辆通过交叉口的速度及延误时间损失、车头时距、信号配时、交通堵塞原因、各种行人与车辆冲突情况等，均能提出令人信服的证据，并可以长期保存。其缺点是费用大，内业整理工作量大，需要做大量图像上的量距和在有繁密树木或其他遮挡物时，调查比较困难，或会引起较大误差。

（四）基于磁感应检测技术的数据采集

磁感应检测技术是基于电磁原理进行车辆检测，通过检测磁场强度的变化来判断是否有车辆存在或通过，主要分为环形线圈车辆检测器、地磁车辆检测器和磁成像车辆检测器三类。

1.环形线圈车辆检测器

它是一种基于电磁感应原理的检测器。通常由三部分组成，即埋设在路面下的环形线圈、传输馈线和检测处理单元。其工作机理是：环形线圈通过传输馈线与检测处理单元相连，检测处理单元用高频信号驱动环形线圈。通有高频交流电流的环形线圈，在线圈的周围产生了交变电磁场。当车辆通过线圈或停在线圈上时，由铁磁材料构成的车体引起线圈回路电感量变化，表现为耦合振荡电路频率的变化和相位的变化。信号检测处理单元检测出其中一个量的变化，就可以检测出车辆的存在。

环形线圈车辆检测器主要应用于交通流数据信息采集系统、信号控制系统、交通诱导及停车管理系统。通过不同的感应线圈设置方式，可实现对交通流量、时间占有率、车速和车辆长度等交通数据的采集或信息的检测。

2.地磁车辆检测器

地磁车辆检测器由电源、磁棒和接收机三部分构成。把一个具有高导磁率铁芯和线圈装在一个保护套内，里面填满非导电的防水材料，形成一根磁棒。在路上垂直于交通流的方向开一个0.2～0.6 m的孔，把磁棒埋在路面下，当车辆经过检测器时会使检测器周围磁场发生扭曲，从而改变检测器中磁化向量的角度。先通过数据传输信道将检测磁场变化的数据传输到接收器上，再以固定的格式传输到接收器中，并对数据进行分析处理，经过分析算法的分析检测后，就可以得出检测到的车辆信息。

地磁检测器具有安装容易、不易损坏、价格便宜等优点。其缺点是对慢速车辆会出现误检，甚至不能检测，且材料容易老化，灵敏度会逐年衰减。地磁车辆检测器是小范围、高灵敏度的检测器，可以将多个地磁车辆检测器组网进行大范围的车辆检测。

3.磁成像车辆检测器

它是利用车辆磁成像技术，通过测量车辆出现引起的磁场变化来检测车辆。由于不同构造的车辆有不同的磁纹，通过检测这些磁纹，还可以获得车辆的车速、车型和构造等信息。

（五）基于波频检测设备的数据采集

利用波的特性来实现车辆检测的检测器归为波频车辆检测器，主要包括激光雷达检测器、微波检测器、超声波检测器和红外线检测器。

1.激光雷达检测器

雷达测速仪是由激光发射器和接收器组合而成的车辆检测器。雷达测速仪根据多普勒效应的原理对行驶中的车辆进行测速。多普勒效应是指当发射源和接收者之间有相对径向运动时，接收到的信号频率将发生变化。多普勒雷达的基本工作原理是：接收器发射无线电波，当物体朝着无线电发射的方向前进时，反射回来的无线电波会被压缩，因此该电波频率随之增加；反之，当物体朝着远离无线电波的方向前进时，其反射回来的无线电波频率会随之减少。

根据不同的应用场合，雷达测速仪的发射器和接收器可以安装在公路旁的立柱上或公路正上方的信号灯柱、高架横梁、过街天桥上。

2.微波检测器

用于工程实际的检测器主要是远程交通微波检测器（Remote Traffic Microwave Sensor，RTMS），其主要由三部分组成：雷达波发射接收设备及其控制器、专用无线电调制解调发射设备和专用电源。RTMS检测器，实际上是一个在微波范围内工作的雷达，通过发射和接收反射雷达波以达到检测车辆的目的。RTMS以低功率微波信号在扇形光线区域内发射连续调制波（Frequency Modulated Continuous Wave，FMCW），信号束在探测车道上形成长达60 m的椭圆状投影。RTMS的范围测量解决方案将该投影区域分割为32层，每层约为2 m，每个探测区域或车道均由一层或多层组成，用户可根据需要自行定义。

RTMS的工作流程如下：RTMS连续向探测车道上发射微波信号束。首先，RTMS在通电开机后自动进行背景学习，接收天线检测到路面的回波信号后，根据回波信号的强弱自动生成背景阈值。

当有车辆经过检测断面时，由于车辆近侧面回波信号强度高于背景阈值，则判断该车辆所在车道有目标存在。

目标车辆驶离检测区域，车检器接收的回波信号恢复到背景阈值以下，等待下次检测，同时将车流量、时间占用数据记录到检测器内部的缓存中，待记录周期结束后输出结果。

RTMS检测器具有以下优势：易于安装和养护；可以多车道检查，能防止车辆相互遮挡；受环境影响小；计数准确、精度高；能检测静止车辆和交通拥堵。目前，RTMS检测器的主要应用如下：高速公路交通管理（包括自动事故检测）、远程车流量管理、交通事故检测报警系统、实现十字路口信号控制、作为移动计数站、车速测量，等等。

3.超声波检测器

超声波车辆检测器的结构主要包括超声波探头、主机和通信三个部分。

超声波车辆检测器的工作原理是：根据声波的传播和反射原理，通过对发射波和反射波的时差测量实现位移测量的设备。利用超声波传感器发射脉冲波，通过测量由路面或车辆表面发射的脉冲超声波的波形，可确定从传感器到路面或车辆表面的距离，同时，因路上有车和路上无车时传感器所测信号是有差别的，可借此确定有无车辆通过；传感器将接收的超声波信号转换为电信号，通过信号处理模块进行分析和处理，就可以得出车辆数量、车速以及车道占有率等交通流参数。

超声波车辆检测器可以检测有无车辆的存在或通过。同时，可根据预置的参数，按车型分别技术，进一步得到车型（大车型、小车型）、交通流量、占有率、拥堵时间等参数。

4.红外线检测器

红外线检测器分主动和被动两种类型。主动型红外线检测器包括一个红外发射管和一个接收管，通过发射具有一定能量的红外线，红外线被经过检测区域内的车辆反射，然后利用安装在一个传感器接收反射后的红外线的能量，并对实时信号进行预处理，确定交通量、车速、排队长度等交通参数。当没有车辆通过时，红外接收管不接收光线；当有车辆通过时，接收由车辆反射回来的红外线。

被动红外检测器利用一个能量接收传感器，来检测设定检测区域内经过车辆本身辐射的能量，能量接收传感器根据接受能量的变化来检测交通参数，被动红外检测器可以提供主动红外车辆传感器除车速外的所有交通参数。

如果车辆和路面的表面温度相同，车辆经过所引起的传感器信号与路面和车辆的反射率差及路面和大气的温度差有关。在阴天、雨天等湿度大的天气情况下，大气温度比晴天时的高，则由车辆经过引起的信号会减弱。

第三节　道路通行能力与服务水平

道路通行能力分析的主要目的是求得在指定的交通运行质量条件下，道路交通设施每小时所能疏导的最大交通量，如人数或车辆数。但是在到达或接近通行能力时，交通设施的运行状况通常较差，一般不会将设施设计在该范围内运行。交通设施疏导交通流需要保持一定的运行水平，称之为交通设施的服务水平，作为划分交通设施疏导交通流运行质量的标准。

一、道路通行能力

道路交通设施的通行能力是指在一定的道路、交通和管制条件下，在每小时内能通过车道、道路中某一点或均匀断面的最大交通量。在进行通行能力分析的同时，需要进行运行质量分析，将道路规划、设计及交通管理等与运行质量联系起来，这样可以合理地使用道路工程资金和提高道路工程和汽车运输的综合经济效益。

（一）通行能力与交通量的关系

通行能力与交通量存在着相同之处，它们都是指单位时间内通过道路某断面的交通实体数量，表示的单位和方法相同，但二者之间有着本质的区别。

交通量是指单位时间内，道路上实际通过的交通实体的观测值，其数值具有动态性与随机性；通行能力是在已知的道路设施和规定的运行质量条件下，单位时间内所能适应的最大交通量，其数值具有相对的稳定性。在正常运行状况下，道路的交通量均小于通行能力。当交通量远远小于通行能力时，车流为自由流状态，车速高，驾驶自由度大，驾驶人可以随意变更车速，实现超车；随着交通量的增加，车流的运行状态逐渐恶化，当交通量接近或等于通行能力时，车流为强制流状态，车辆行驶自由度降低，将会出现交通拥挤、阻塞等现象。由此可见，在交通流状态分析中，交通量和通行能力二者缺一不可，通行能力反映了道路的容量（服务能力），交通量则反映了道路的负荷量（交通需求）。因此，常用交通量与通行能力的比值来表征道路的负荷程度（或V/C、负荷度）。

（二）道路通行能力分类

1.根据通行能力的性质和使用要求分类

根据通行能力的性质和使用要求的不同，通行能力可分为基本通行能力、可能通行能力和设计通行能力三种。

（1）基本通行能力

基本通行能力是指道路组成部分在理想的道路、交通、控制及环境条件下，该组成部分一条车道或一车行道的某一断面或均匀路段，不论服务水平如何，1 h所能通过标准车的最大辆数。

（2）可能通行能力

可能通行能力是指已知道路组成部分在实际或预计的道路、交通、控制及环境条件下，该组成部分一条车道或一车行道的某一断面或均匀路段，不论服务水平如何，1 h所能通过标准车的最大辆数。可能通行能力是根据道路和交通实际情况，对理想条件进行修正，根据这些修正系数乘以基本通行能力数值得出，是指道路所能承担的实际最大交通量。

（3）设计通行能力

设计通行能力是指设计道路组成部分在预计的道路、交通、控制及环境条件下，该组成部分一条车道或一车行道的某一断面或均匀路段，在所选用的设计服务水平下，1 h所能通过标准车的最大辆数。

设计通行能力与可能通行能力的主要区别是可能通行能力是在不论运行质量情况下的，而设计通行能力是实际可以接受的通行能力，考虑设计规划者对道路要求并按公路运行质量要求及经济安全因素加以确定的，主要用来作为道路规划和设计的依据。

2.根据交通流运行状况的特征分类

（1）较长路段畅通无阻的连续行驶车流的通行能力，一般称为路段通行能力，它是所有道路交通系统都必须考虑的。

（2）在有横向干扰的条件下，时通时断、不连续车流的通行能力，如具有平面信号交叉口的城市道路的通行能力。

（3）在合流、分流或交叉运行状态下的通行能力，如各类匝道、收费口及其附近连接段的通行能力。

（4）交织运行状态下的通行能力，如立体交叉的各类匝道、常规环道上车流的通行能力。

3.根据研究对象分类

按其研究对象不同，可划分为高速公路通行能力、双车道和多车道公路干道通行能力、城市道路路段通行能力、平面交叉口通行能力等。

4.根据道路设施和交通实体

根据道路设施和交通实体的不同，通行能力可分为机动车道通行能力、非机动车道通行能力和人行道通行能力等。

（三）影响道路通行能力的因素

道路通行能力的影响因素主要有道路条件、交通条件、管制条件、环境和气候条件以及规定的运行条件等。运行条件不同，要求通行质量不同，其通行能力自然不同。因此，通行能力不是一个固定的数值，而是在一定客观条件和主观要求下的一个相应范围。

1.道路条件

道路条件包括所有描述道路的几何参数，主要包括交通设施的类型、车道宽度、车道数、路肩宽度和（或）侧向净空、设计速度、平面和纵面线形等因素。

2.交通条件

它是指交通流中车辆种类的分布（交通组成），设施中可用车道的交通量和交通分布以及交通流的方向性分布。

3.管制条件

它是指道路管制设施装备的类型，管理体制的层次，交通信号的位置、种类、配时等影响通行能力的关键性管制条件，其他还有停车让路标志、车道使用限制、转弯禁限等措施。

4.环境条件

它是指街道化程度、商业化程度、横向干扰、非交通占道、公交车站和停车位置等因素。

5.气候条件

它是指风、雨、雪、雾、沙尘暴等对通行能力产生影响的天气因素。

规定的运行条件主要是指计算通行能力的限制条件，这些限制条件通常根据速度和行程时间、驾驶自由度、舒适和方便性以及安全性等因素来规定。其运行标准是针对不同的交通设施用服务水平来定义的。

另外，道路周围的地形、地物、景观、驾驶员技术等对道路通行能力也有一定的影响。

（四）道路通行能力的研究方法

1.理论推导

对拟研究的交通设施进行假设，根据车流变化的逻辑关系建立数学模型，按边界条件标定参数，推导出计算理想通行能力的公式。

2.实测分析

通过大量观测道路上的车速与交通量的数据，根据观测到的交通状态信息，建立车速、交通量与车流密度的统计模型，进而分析出实际通行能力。

3.数值仿真

借助于计算机，对各种道路条件、交通条件下的车流进行仿真，寻找通行能力数值。

二、道路服务水平

通行能力的分析计算离不开交通运行质量。交通设施需要维持一定的运行水平，所以通行能力的分析计算必须与服务水平的分析计算一起进行。服务水平（LOS）是描述交通流运行状况的一种质量标准，通常用速度、行程时间、驾驶自由度、交通中断、舒适等指标来描述。

道路服务水平是交通流中车辆运行的以及驾驶员和乘客所感受的质量量度，亦即道路在某种交通条件下所提供运行服务的质量水平。

在达到基本通行能力（或可能通行能力）之前，交通量越大，则交通密度也越大，而车速越低，运行质量也越低，即服务水平越低。达到基本通行能力（或可能通行能力）之后，则交通量不可能再增加，而是运行质量越低、交通量也越低，但交通密度仍越大，直至车速及交通量均下降至零为止。

过去很长一段时间，我国将服务水平划分为4个等级，但是部分管理人员和设计人员在实际运用中发现4个级别的划分存在着明显的不足，于是在新的规范中，如《公路路线设计规范》（TG D20-2017）和《公路工程技术标准》（TG BCH-2014），对服务水平分级进行了细化，亦采用6级服务水平划分，具体各划分如下：

（一）一级服务水平

交通流处于完全自由流状态，交通量小，速度高，行车密度小，驾驶员能自由地按照自己的意愿选择所需的速度，行驶车辆不受或基本不受交通流中其他车辆的影响。在交通流内驾驶的自由度很大，为驾驶员、乘客或行人提供的舒适度和方便性非常优越。较小的交通事故或行车障碍引起的影响容易消除，在事故路段不会产生停滞排队现象，很快就能恢复到一级服务水平。

（二）二级服务水平

交通流状态处于相对自由流的状态，驾驶员基本上可按照自己的意愿选择行驶速度，但是开始注意到交通流内有其他使用者，驾驶员的身心舒适水平很高，较小交通事故或行车障碍引起的影响容易消除，在事故路段的运行服务情况比一级差些。

（三）三级服务水平

交通流状态处于稳定流的上半段，车辆间的相互影响变大，选择速度受到其他车辆的影响，变换车道时驾驶员要格外小心，较小交通事故仍能消除，但事故发生路段的服务质量大大降低，严重阻塞并形成排队车流，驾驶员心情紧张。

（四）四级服务水平

交通流处于稳定流范围的下限，但是车辆运行明显地受到交通流内其他车辆的影响，速度和驾驶的自由度会受到明显限制。交通量稍有增加，就会导致服务水平的显著降低，驾驶人员的身心舒适水平降低，即使较小的交通事故也难以消除，会形成很长的排队车流。

（五）五级服务水平

交通流处于拥堵流的上半段，其下是达到最大通行能力时的运行状态。对于交通流的任何干扰，都会在交通流中产生一个干扰波，交通流不能消除它，任何交通事故都会形成长长的排队车流，车流行驶的灵活性极端受限，驾驶人员的身心舒适水平很差。

（六）六级服务水平

交通流处于拥堵流的下半段，是通常意义上的强制流或阻塞流。这一服务水平下，交通设施的交通需求超过其允许的通过量，车流排队行驶，队列中的车辆出现停停走走现象，运行状态极不稳定，可能在不同交通流状态间发生突变。

三、通行能力和服务水平的作用

通行能力与服务水平分析作为规划、设计与管理的基本依据，贯穿于我国交通建设的各个阶段，分析通行能力与服务水平主要有以下作用：

（一）用于道路规划设计

在规划、设计阶段，计算在特定的运行状况条件下，承担给定交通量所需要的道路设施几何参数，并预测其他一些设计要素对通行能力和运行特性的影响。

1.确定道路技术等级的主要依据

根据设计小时交通量和道路设计通行能力的对比，可以提出所设计道路的技术等级、所需要的车道数以及是否需要设置爬坡车道等。

2.设计长度内总体服务水平的分析

通过对道路各组成部分通行能力和服务水平的分析计算后，可以得到每一组成部分的服务水平分级，以了解全线服务水平的差别情况，并从整体出发，做出几何设计上的调整与改进，并消除潜在的瓶颈路程。

（二）交通运行状况分析

在现有或规划的交通需求下，通过通行能力与服务水平分析，可以发现交通设施存在的问题，并寻找解决问题的方法，正确评价道路运行状况，为管理部门制订正确的交通管理措施提供依据。

1.用于交通运行分析

评估现有交通设施与交通需求之间的适应程度，并通过对交通量预测及投资效益和环境影响等的评估，规划交通设施的改善程度、建设规模和实施步骤等。

2.用于交通管理与控制

对现有的或潜在的瓶颈路段进行分析，并进行交通量预测，提出改善交通运行质量的交通管理措施，或者根据预测交通量增长情况和分析运行质量变化情况，计划好各阶段交通管理措施。

第四节　交通运输与经济发展的关系

一、交通运输在国民经济中的地位

（一）交通运输的国民经济基础性

交通运输基础设施是支撑一国经济的基础，这一基础决定着国家经济活力（工业、商业等）的水平。这主要表现在以下几个方面：第一，交通运输是现代经济社会快速运行的保障，是市场机制作用于人类经济行为的首要物质前提，没有一个现代化的运输体系，很难想象会有一个较为完善的市场经济。第二，交通运输规模的大小和水平是经济社会现代化程度的基本标志之一。现代经济社会在多大规模上运用多少资源来实现人与物在空间和时间上的交换，反映了经济社会的发达程度。第三，在现代经济社会的发展历程中，交通运输具有运输革命的特征，它集中表现为"交通运输是现代经济社会发展的命脉"这一命题。已实现现代化的国家的发展过程，都证明了现代经济社会的发展必须经历一个交通运输革命阶段。所谓交通运输革命阶段，是指交通运输的发展不仅是一种经济社会运输需求的直接反映，更是交通运输以主角的身份作用于经济社会发展过程的特殊时期。

　　交通运输作为一国经济的基础结构是实现经济发展和社会进步的前提条件，每个国家的经济发展都遵循这个规律。美国、日本、德国等发达国家在二十世纪六七十年代经济快速增长时期，把相当份额的资金投向交通基础设施建设，有效地促进了本国的经济增长。我国经济发展的实践也同样证明了这一结论的正确性。我国东部沿海地区运输基础设施较好，交通较便利，经济发展就较快，人民生活水平就较高；而西部内陆地区运输基础设施较差，交通较为不便，经济发展就相对缓慢，人民生活水平也较低。许多地方群众总结了正反两方面的经验，用"要想富，先修路"这样朴素的语言表达了"公路是经济发展的基础"这一深刻的道理。

（二）交通运输产生的外部经济效益，具有较强的社会公益性

　　外部性在现代经济社会中是比较常见的现象。无论什么时候，只要某个生产者或某个消费者的行为对其他生产者和消费者产生了影响，而受影响者没有因损害而得到补偿或没有因得益而付出代价，那么就存在外部性或会产生外部效应。我们根据这种影响对他人的有利和不利将其划分为正的外部效应和负的外部效应。经济学家一般都认为交通运输基础设施具有正的外部效应，即存在外部经济。因为一旦在某个区域修建了某种交通运输基础设施，由于交通运输基础设施特有的经济功能和社会功能，其周围的土地价格、房产价格就会上涨，不仅会使其附近或相关的其他行业的经济效益大增，而且很难向这些非交通运输基础设施使用者索取回报以阻止其效果外溢。正因为如此，如果忽略从社会的角度来考虑对交通运输基础设施投入的回报，就会影响投资者的投资收益，从而影响投资者的投资积极性。

　　从功能上讲，交通运输作为国民经济的重要基础设施之一，其主要作用是为整个社会和经济活动提供必要的运行条件，是社会、经济、文化及国防的重要支撑力量；从经济效益上讲，交通运输的直接受益者是设施使用者，而间接受益者却是整个社会，交通运输基础设施所产生的外部经济效益远大于其自身的经济效益。交通运输的上述作用和效益存在着一定程度的不可分割、不可定量、不可定价性，体现了交通运输的公益性和公共物品特性。此外，交通运输作为重要的基础设施具有一定的自然垄断性，其发展需要政府的大力扶持，不能完全依靠市场机制。交通运输是大型公共基础设施，投资巨大，建设周期长，投资回报率较

低，因此，交通运输自身作为独立商业投资项目，其吸引力不足，往往需借助于政府或公共部门的扶持和给予一定的优惠政策才具备商业投资的可操作性。

二、交通运输与各项社会经济活动的发展

交通运输是实现各项社会经济活动的重要基础，对经济发展起着十分关键的推动作用。

（一）交通建设项目对宏观经济增长的影响

投资与经济增长之间存在着一种相互促进、相互制约的密切关系。一方面，经济增长是投资得以扩大的基础。投资的来源离不开国民经济的增长，投资多少以及投资在国民收入中所占的比重都受到国民经济增长水平的制约。另一方面，投资增长是经济增长的必要前提，在一定的科学技术水平和有限的资源条件下，经济增长速度在相当大的程度上取决于投资的多少及其增长率。

投资通过其需求效应来拉动经济增长，在投资生产活动中需要直接和间接地消耗各个部门的产品，使投资需求增加，并且在投资生产活动中，因国民收入增加还将引起消费或投资需求的不断增加。这就必然导致最终需求的增加，引起对经济的扩张作用。然后，投资又通过其供给效应来推动经济增长。所谓投资供给是指交付使用的固定资产，既包括生产性固定资产，又包括非生产性固定资产。生产性固定资产的交付使用，直接为社会再生产注入新的生产要素，增加生产资料供给，为扩大再生产提供物质条件，直接促进国民经济的增长。非生产性固定资产则主要通过为劳动者提供各种服务和福利设施，间接促进经济增长。

投资具有创造需求和创造供给的双重功能。从这个角度考察，高速公路项目对国民经济的拉动作用大体上可以分为两个部分：一部分是需求效应，指公路投资活动本身对增加国内生产总值、扩大有效需求、拉动经济增长的作用；另一部分是供给效应，指公路建成通车后，通行能力增加和行车条件改善，带来运输费用降低、客货在途时间节约、交通事故减少等由公路使用者直接获得的经济效益，特别是推动公路运输业发展、提高综合交通运输体系效率，以及因区域交通条件改善和区位优势增加，而通过不同途径对区域内社会发展产生的促进作用。后者较前者来讲，对经济发展的促进作用更大，持续时间更长，涉及范围更广。

交通运输基础设施建设投资对国民经济的拉动作用，首先表现在它对GDP（国内生产总值）的计算产生了很大的影响。在我国，计算GDP，一般采用支出法和收入法。根据支出法计算GDP时，包括一定时期内最终由居民消费、政府支出所购买及使用的产品和劳务价值额、企业投资所形成的资本形成额（等于固定资本和存货）及净出口。交通运输基础设施属于社会基础设施，也属于最终产品，应计入GDP中。根据收入法计算GDP时，包括各生产要素的收入（工资、利润、生产税、折旧）总和，即为生产最终产品而需要的一切生产阶段的增加值之和。基础设施建设过程本身会产生工资、利润、折旧和税金等增加值，并要消耗大量的水泥、钢材、木材等物品，这些中间消耗品的生产企业在为基础设施建设进行生产的过程中也创造了一定数量的增加值。生产水泥、钢材、木材等的企业在生产过程中同样要消耗矿石、电力等中间物品（对于基础设施建设而言，属于间接消耗品），这些物品的生产企业在生产过程中同样创造出一定数量的增加值。如此循环，直至最终产品的生产（建成基础设施）。这一切生产过程中产生的增加值之和正好等于基础设施建设的支出总额，应计入GDP中。因此，无论是用支出法还是用收入法计算GDP，交通运输基础设施建设投资都会使GDP增长。

交通运输基础设施建设具有投资密集和劳动力密集的特点，对其增加投入，可以带动钢铁、建材、机械制造、电子设备和能源工业等一大批相关产业的发展，并可以吸纳大量劳动力。铁路、公路、车站、港口、航道等基础设施的建设会带动建筑业的兴盛；交通运输基础设施的建设会刺激对交通运输工具的需求，从而推动汽车工业、船舶工业、机车工业、航空工业等机械制造业的发展；铁轨、管道和汽车、飞机、轮船等交通运输工具对金属的大量消耗会促进采矿业和冶金工业的发展；交通运输工具对煤炭、石油等能源的大规模需求又能促进能源采掘业的发展。

大规模的交通运输基础设施建设，不仅能有力带动一大批相关产业的发展，而且交通运输基础设施的改善和水平的提高又刺激那些需要其提供产品和服务的企业和居民的消费，以有效地刺激国内需求。

对交通项目投资将产生乘数效益。交通项目建设能够使所在地区增加就业人员和增加工资收入，提高人民的收入和生活水平。对交通项目建设的投资增加，会使GDP有同等的数量增加，这也意味着居民、政府和企业会得到更多的收入。收入的增加会导致消费再支出，引致社会总需求和GDP的更大增加，这一系列的再支出无限持续下去，最终总和为一个有限的数量。此时，投资所引起的GDP增加量会大于投资本身的数量，这种现象称为交通项目投资的乘数效应，由投资增加所引起的最终GDP增加的倍数称为投资乘数。投资乘数说明了对交通项目投资将对国民经济相关部门产生影响，可以扩大这些部门中企业的产出并提高利润水平，进而刺激消费的增长，最终促使经济增长。

（二）交通项目运营与微观经济的关系

交通项目的建成通车，产生了显著的直接经济效益，促进了运输业的发展，改善了综合运输结构。下面以公路项目为例进行分析。

1.产生了显著的直接经济效益

交通项目通车后，缓解了公路运输的紧张状况，改善了运输条件，产生了显著的直接经济效益。这些效益又称使用者效益，主要包括以下几个方面。

（1）运输成本降低的效益

这部分效益是出于公路技术等级的提高，即与以前的公路相比，在保修费用、轮胎、燃料消耗等方面的成本节省效益。

（2）运输时间节约的效益

修建一条高等级公路代替等级相对较低的普通公路，可以大量地节约旅客、货物和驾驶员的时间。利用有无分析法计算节约的时间，再利用机会成本测算时间节约的价值，就可得到运输时间节约的效益。

（3）提高交通安全的效益

这部分效益是指公路建成通车后，与旧路相比较，由于交通安全事故的减少而产生的效益。

（4）减少拥堵的效益

这是指新公路的建成通车使原有相关线路和设施的拥堵程度得到缓解而产生的效益。

2.促进了公路运输业的发展

高速公路是国道主干线的重要组成部分，更是地区公路网的主骨架。为了充分利用高速公路发展经济，沿线各地区会加速县乡路、机场路和疏港路与高速公路的沟通，促进路网布局的完善以及公路等级和通行能力的提高，从而加快沿线地区公路运输的发展。这种发展表现在两方面：一方面是"量"的发展，即运输量的增长，以及公路运输行业的客运、货运、维修、搬运、运输服务五大分支行业产值的增加；另一方面是"质"的发展。当今世界，社会经济生活"信息化"和产品结构"高技术化"进程加快，竞争日益激烈，对运输服务的要求也越来越高。在发达国家，快速运输和物流业正是充分发挥了公路运输快速、方便、"门到门"的优势，适应了现代经济发展的客观要求，从而成为公路运输业发展的重点领域。当前我国经济持续快速发展，公路基础设施面貌日新月异，尤其是高速公路的迅速发展，为快速运输和物流业的发展提供了难得的发展机遇和良好的基础条件，只要运用得当，必将带来运输结构的改善。运输领域的拓展，极大地提高了公路运输的服务质量。

3.改善了综合运输结构

现代交通运输业包括铁路、公路、水运、航空、管道五种运输方式，各种运输方式间存在着很大的互补性，但在一定的条件下某些运输方式间也存在较强的竞争关系。各种运输方式间的有序竞争会促进各自不断提高自身的服务水平，更好地满足社会需要，真正得到实惠的是广大旅客和货主，受益的是包括我们自己在内的社会公众。

我国交通运输体系长期以来处于以铁路为主体、公路为补充的状态。随着国民经济的发展和运输需求的变化，这种运输结构已显示出很大的不适应，铁路运输日趋紧张，运输能力无法满足不断增长的客货运输需求。高速公路的迅速发展，使公路的大动脉作用日益明显，改变了以往公路运输在综合运输体系中只具有短途、零散、中转接续功能的附属地位，开始在现代化高起点上与其他运输方式相匹配。在综合运输体系中，公路运输完成的客货运周转量占各种运输方式的比重明显上升。

近年来铁路实行"提速战略"，改善既有线路条件、发展新型列车，采取优化运输产品结构、提高服务质量等措施，开创铁路新风，备受社会注目，这正是随着高速公路的发展，各种运输方式相互竞争、相互促进的直接结果。随着中国高速铁路的快速发展，高铁成为人们出行的主要方式。

（三）交通运输业对区域经济发展的推动

交通项目的通车运营，改善了区域内及区域间的运输条件，区域社会发展的空间结构趋于更加合理，从而对区域社会发展的各个方面产生了综合影响。

人类的各种经济活动都是在一定的空间内进行的。社会经济空间是社会经济活动中物质、能量、信息的数量及行为在地理范畴中的广延性存在形式，即其形态、功能、关系和过程的分布方式和分布格局同时在有限时段内的状态。社会经济活动的空间结构是一定区域范围内社会经济各组成部分的空间位置关系以及反映这种关系的空间集聚程度和规模。从区域开发与区域发展的大量实例中可以看出，空间结构在区域经济社会发展中的影响是非常突出的，是反映区域发展状态本质的一个重要方面，是从空间分布、空间组织的角度考察、辨认区域发展状态和区域社会经济有机体的罗盘。

区域经济学中的空间决定论认为，要使一个区域获得大规模开发和迅速发展，必须首先发展交通运输网和通信网，即空间—距离—可达性对区域经济发展具有先决性。这一理论明确指出了交通基础设施在区域经济发展中所具有的重要地位。交通基础设施的影响和作用可以进一步通过区域科学中的引力模型来解释。交通设施的便利降低了两地间往来的运输成本（包括货币或时间），从而提高了区域内潜在目的地的空间可达性（或吸引力），促进了区域中各种社会经济活动在空间中的相互作用。当一个区域具备这种区位优势时，就会产生一种引力，有可能把相关企业和生产力要素吸引过来，在利益原则的驱动下，形成产业布局上的相对集中和聚集，从而促成该地区经济的发展。这种引力就称为区位优势。

交通运输普遍存在于人类的社会经济活动中，它为经济活动提供空间联系的环境，区域社会经济系统中经济要素的排布、经济活动的空间格局和基本联系，都首先要依靠交通运输，以运输网为基础形成经济活动的地域组织。运输网的不断加强、扩展和综合化，加上其他方面的基础设施，再加上商业关系、金融关系和企业间的分工协作及集团化联系等，就构成了现代经济空间结构变化的基础。因此，交通运输是社会经济空间形态形成和演变的主要条件之一。

交通运输对区域经济社会发展的巨大作用，在于通过提高区域的空间可达性（所谓空间可达性，是指一个区域与其他有关区域进行物质、能量、人员等交流的方便程度，其内涵是区域内部及区域之间社会经济联系的方便程度），可以改善区域社会经济空间结构的合理性，增强区域内部以及区域之间社会经济的有机联系，促进区域社会经济的协调发展。现代经济发展的历程也表明，从空间分布的角度看，现代经济的发展总是首先在运输资源相对丰富的地区或区域形成增长极。经济增长极之间通常都存在较强的相互作用，并在它们之间形成"经济场"，从而对它们之间的地区和其他地区产生经济极化效应，带动整个经济更有效、更有序地发展。

第二章 交通工程规划设计与管理

在城市发展过程中，交通发挥了重要的作用，无论是方便人们的出行或是促进经济的增长，都占据了重要的位置。同时，对交通工程规划设计与管理也日益重要。基于此，本章围绕道路交通规划与设计、道路交通管理与控制、道路交通安全与评价展开论述。

第一节 道路交通规划与设计

一、道路交通规划的类型及内容

交通规划是指根据特定交通系统的现状与特征，用科学的方法预测交通系统交通需求的发展趋势及交通需求发展对交通系统交通供给的要求，确定特定时期交通供给的建设任务、建设规模及交通系统的管理模式、控制方法，以达到交通系统交通需求与交通供给之间的平衡，进而实现交通系统的安全、畅通、节能、环保的目的。

（一）交通规划的分类

交通规划具有很多类型。按涉及的对象和内容，交通规划可分为综合性交通规划和专项交通规划；按研究的地区范围不同，交通规划可分为区域交通规划和城市交通规划；按划分年限，交通规划可分为近期规划（3~5年）、中远期规划

（5～20年）和发展战略规划（20～50年）。

（二）交通规划的研究内容

交通规划分为很多种类与层次，不同的交通规划有不同的规划内容与深度要求。但无论是哪一类交通规划，其内容一般包括以下几个方面：

（1）交通系统现况调查。

（2）交通系统存在问题诊断。

（3）交通系统交通需求发展预测。

（4）交通系统规划方案设计与优化。

（5）交通系统规划方案综合评价。

（6）交通系统规划方案的分期实施计划编制。

（7）交通系统规划的实施。

二、道路交通设计的相关知识

道路的服务对象是呈现在道路上的各种交通流，包括人流和车流。道路的服务功能要求道路要有充足的数量、可靠的结构和良好的路面质量，道路线形要能够顺应交通流的运行规律，道路网要有合理的路网结构，道路的空间布局应能与交通流的动态占用空间相适应。道路空间布局具有静态特性，而交通流是实时变化的，具有动态特性。

为使两者能够相互适应与协调，一方面，道路空间设计要有明确的设计条件，而这一设计条件通常是针对既定的设计目标而确定的。例如，在设计某交叉口时，其设计目标是为了提高高峰时段的通行能力，高峰时段预测或实测的交通量就可以作为主要设计条件，以此条件确定交叉口的空间布局，包括进出口车道的数量、宽度、长度等空间设计参数。另一方面，道路要有足够的"弹性"，以适应交通量的动态特征。同样以交叉口为例，当交叉口的流量、流向发生变化时，交通控制方式也应作适当的调整以适应这样的变化，这不仅是交叉口功能实现的需要，也是道路网交通组织、公交优先通行等整体方案设计的需要。因此，单一的道路空间设计无法满足动态交通流对道路弹性服务功能要求，道路功能的完善需要通过一种集道路空间布局和道路时空资源利用最优化的设计与管理来实现。

（一）交通设计的概念及特征

交通的显性特征以交通流呈现，而道路是交通流的载体，不能脱离道路工程设计来谈论交通设计。路线设计是道路工程设计的核心，也是与交通设计密切相关的部分。路线设计包括道路横断面、平面和纵断面、道路与道路交叉等设计内容，是对道路布置进行的具体设计。可以这样理解，道路工程设计为道路提供了交通设计的几何空间。

1.交通设计的定义理解

交通设计的定义为：以交通工程学基础理论为指导，分析道路基础设施与交通流运行规律之间的互动关系，综合应用道路工程设计、交通控制与管理方案设计、交通工程设施设计的技术和方法，制定道路交通设施的布设方案和交通流的管理方案，以优化道路时空资源，协调出行者路权，以实现道路交通系统安全、高效地运行。

根据交通设计项目背景不同，交通设计可分为规划阶段交通设计和治理阶段交通设计。规划阶段针对新建或扩建道路，治理阶段是针对已有道路的交通治理，包括道路的局部改建。交通设计所处的阶段不同，设计思路、方法上也有所区别。规划阶段交通设计，要为实现道路网的规划目标以及道路网各子系统的功能服务，强调设计的系统性和全局性。当交通设计方案无法实现规划目标要求时，要对规划方案进行重新论证和调整，调整后的方案要为交通设计提供足够的设计空间。治理阶段交通设计是针对已经出现交通问题的道路设施或某一个道路子系统，这些问题可能是运行效率方面的，也可能是交通安全、交通环境方面的。

相对而言，治理阶段交通设计的设计目标更加明确，设计方案更加具体。

2.交通设计的主要特征

（1）目标性

以需求为导向，明确交通设计需要实现的功能及功能目标。在资料收集和实地调研分析的基础上，针对实现规划目标中需要解决的问题，或在实际交通运行中存在的问题，制定交通设计的设计目标。

（2）系统性

道路交通运行状况受诸多因素的影响，道路交通各子系统之间也存在相互制约的作用。任何一个交通设计方案都会对道路网交通运行效果产生系统的影响。

系统分析方法为实现道路基础设施资源配置的最优化和交通运行效率的最大化提供了有效的途径。因此，交通设计也是一种优化设计，即在各种限定条件（土地、资金等）下设计出最好的方案。优化设计需要综合地考虑多个要求，比如最佳的运行效率、最少的交通事故、最低的环境污染和最少的资金投入。但是，这些要求通常是互相矛盾的，而且它们之间的相对重要性因交通设计目标的不同而异。交通设计者的任务是针对具体情况权衡轻重、统筹兼顾，使交通设计方案能够产生最优的综合效益。

（3）综合性

交通设计需要综合应用交通工程学基本原理和交通设计相关知识体系。与其他工程类设计不同，交通设计不是开发具有某种特定功能的产品，也不是完全独立于道路工程、交通工程设施和交通控制之外而存在。相反，交通设计方案以道路工程、交通工程设施的设计方案和交通控制设计方案的形式存在。道路工程设计、交通工程设计、交通控制方案设计都有相对完善的标准规范，交通设计过程中需要遵循这些标准规范并加以灵活应用，而不能机械地照搬。

（二）交通设计的内容归纳

从知识体系看，交通设计应包括交通工程学基础理论、相关道路与交通工程设施的设计方法以及具体设计依据；从道路横断面形式看，交通设计可针对不同类型道路开展；从设计内容看，交通设计应该有服务于通行效率提升、交通组织优化和交通安全改善等方面的内容。可见，要准确界定交通设计的内容，并不是一件简单的工作。本教材按照知识体系相对独立，设计方法相对完整的思路将交通设计归纳为五个方面的内容。

1.交通设计基础

交通设计基础的主要内容包括交通工程学基本原理、交通安全分析方法、道路工程设计原理和方法、交通工程设施设计方法等。

其中，交通工程学基本原理包括解析各交通要素基本特性的人/车/路/环境基本特征、揭示交通流运行规律的交通流理论、描述道路运行效率的通行能力及服务水平分析方法；道路工程设计原理和方法提供道路空间布局的设计方法；交通安全分析方法是交通安全设计的基础，也是交通设计方案评价的重要内容；交通工程设施设计方法提供交通安全与管理设施的设计方法。以上这些内容，共同构成交通设计的基础知识体系。

2.道路基础设施交通设计

（1）平面交叉口交通设计

平面交叉口是城市道路的重要基础设施，是道路通行能力的瓶颈地带，其适应交通量制约着整条道路乃至路网的通行能力和服务水平。交通设计主要通过交叉口各设计要素的优化，实现通行效率最大化，其主要内容包括：平面交叉口选型设计、信号控制交叉口交通设计、无信号控制交叉口交通设计、环形交叉口交通设计、特殊形式交叉口处治以及平面交叉口交通标志设计等。

（2）立体交叉口交通设计

立体交叉口是实现路网车辆转向的重要基础设施，通过匝道将不同交通设施连接，实现交通流的分流、合流和交织运行，立体交叉口交通设计对保障路网通行能力和高质量运行有着重要作用。其主要内容包括：立体交叉口形式及适用条件、规划阶段立体交叉交通设计、立体交叉口交通标志设计和治理阶段立体交叉交通设计等。

（3）路段交通设计

路段是城市道路基本组成部分，路段交通设计是城市道路交通设计的基础内容，其主要内容包括干道交通设计和快速路交通设计。

（4）停车场（库）交通设计

停车场（库）交通设计对于保障静动态交通的协调组织、最大化土地利用价值及停车便利性，最小化生态环境影响具有重要作用。停车场（库）交通设计主要包括：路外机动车停车场（库）交通设计及路内机动车停车带交通设计。

（5）慢行交通设计

慢行交通以提供安全、通畅、舒适、宜人的慢行环境为目标，以城市沿线土地利用和服务设施为约束，是一种充分体现人本性的交通模式。慢行交通设计是城市道路交通设计的重要内容，其主要内容包括：行人过街及通道设计、人行道设计、非机动车道设计、绿道设计、步行街区设计、无障碍设计等。

3.公共交通优先通行交通设计

本部分是公交优先战略的具体体现，通过赋予公共交通优先通行权，提高公共交通系统总体运行效率、服务水平和可靠性。其主要内容有：路段公交专用道设计、交叉口公交专用道交通设计、公交停靠站设计、公交优先信号控制设计。

4.交通安全设计

改善道路交通安全是交通工程领域的核心目标之一。本部分通过分析交通各要素对交通安全与交通环境的影响机理，提出降低道路交通安全风险的交通设计方法。其主要内容有：平面交叉口交通安全设计、道路沿线交通安全设计及交通宁静化设计。

5.交通环境设计

交通环境是作用于道路交通参与者的所有外界影响与力量的总和，其主要包括视觉环境、听觉环境、振动环境。本部分着重分析视觉环境对道路交通的影响，通过改善视觉环境，提高道路交通安全与交通参与者的舒适程度。其主要内容有：视觉参照系分类分层与评价、视觉参照系改善设计。

（三）交通设计的功能定位和应用

1.交通设计的功能定位

道路交通系统是一个复杂的总体，交通系统运行状态会受到交通需求、道路基础设施规模和交通管理水平的影响。道路交通系统规划、建设和管理的一体化理念已得到行业的普遍认可。在制定交通规划、建设和交通管理方案过程中，都必须从全局角度认证方案的可行性，以动态和长远的角度面对和解决发展过程中出现的问题。交通设计的特征决定了其在道路交通系统规划、建设和管理一体化过程中的独特作用。

交通设计是交通规划目标实现的技术保障。道路交通规划以城市规划为指导，制定城市道路建设的发展目标、构建道路交通系统基础网络和功能模块，明确各功能模块需要实现的功能目标。交通规划方案是在交通量预测和通行能力分析基础上制定的。当实际运行中的交通量与预测交通量出现一定程度上的偏差时，极有可能造成交通运行的困难；在道路建设过程中，受土地资源及其他客观因素的约束，规划方案的调整也时有发生，规划人员必须对方案调整后可能出现的交通流运行中的困难有充分的认识，并提出可行的交通设计方案。因此，交通规划方案要为今后的交通设计及交通管理方案的制定预留出足够的设计空间。

交通设计是制定交通控制与管理方案的基础。交通控制与管理主要结合交通需求的变化规律，在最小化改变既有交通基础设施条件下，运用系统工程的分析方法和现代化的技术手段，对交通流进行有效的组织与管理。交通设计和交通控制与管理，两者的目的相同，技术手段异曲同工，而"最小化改变既有交通基础设施条件"要求道路空间布局合理、道路资源得到有效利用。显然，没有好的交通设计，不可能有好的交通控制与管理方案。换言之，交通设计要能够服务于交通控制与管理的需求。

2.交通设计的应用层面

交通设计作为制定道路交通设施布设方案和交通流管理方案的重要手段，贯穿于城市道路交通系统规划、建设与管理的全过程。交通设计的应用层面可以从宏观、中观、微观三个层次来说明。

（1）宏观层面

在宏观层面上，必须保证道路网络功能清晰、系统分明，能够处理好市际交通与市内交通的衔接以及市域范围内城区之间的交通联系，为组成一个合理的交通运输网创造条件。城市路网布局规划、红线规划以及交通管理规划是保障路网功能的主要手段，但这些规划方案的确定需要交通设计技术与方法作为支撑。例如，在城市网络布局规划中，需要将预测的交通量分配至路网方案上，分析、评价每一路段及交叉口的交通负荷、服务水平等指标，并根据其评价结果，调整路网规划方案。在这一过程中，就需要应用交通设计技术与方法，制定路段、交叉口等的设计方案，以便最终对规划方案进行评价、调整。所以说，交通设计是交通规划目标实现的技术保障。

（2）中观层面

城市道路功能需要从交叉口、路段、公交站、停车场等重要设施的总体布局来实现。中观层面，不同于宏观层面对路网整体布局的重视，以及微观层面对某一具体交通单元的关注，交通设计关注道路设施的选址、选型等，以实现道路各组成部分的主要功能。

（3）微观层面

从微观层面来说，交通设计可分解为众多单点方案设计，包括交叉口交通设计、路段交通设计等，需要充分考虑土地用地限制、道路条件、交通管理政策和措施，来确定设计参数、选择控制方案、设计交通组织方案等，期望通过交通设计技术和方法使道路达到预期通行能力和服务水平，以发挥其最大功能。对于规划阶段，每一个小单元的交通设计和建设成果都对整体的交通运行有很大影响；而对于治理阶段，原有道路条件、与其相衔接路段的道路条件也会对新的交通设计方案有所制约。交通设计技术与方法不仅可以最小化新建、扩建单元对整体路网的影响，也可以最大化利用现有的道路条件设计改建方案。

三、交通规划的总体设计

无论是区域交通系统规划，还是城市交通系统规划，其规划的编制工作都是一个相当复杂的系统工程问题。一般在规划编制工作开始前，要对整个规划过程进行总体设计。其总体设计包括：落实任务，建立组织结构，确定规划的指导思想、规划目标及规划原则，确定规划期限、规划范围及主要的规划指标，提出规划成果的预期要求（包括规划的深度）等。

（一）规划任务的落实及组织结构的建立

区域交通系统规划一般分多个层次，按国家、省（自治区、直辖市）、地（市）、县行政区划，由各级交通运输的行业主管部门负责组织规划的编制。

城市交通系统的各项规划，应根据城市的发展需要而定。城市交通系统规划工作，一般由城市规划管理部门或城市交通管理部门负责组织编制。

在进行交通规划时，各级交通运输管理部门（或规划部门）应设置交通规划专门机构，以确保规划质量和规划工作不断地深入开展，规划技术力量不足的交通运输管理部门（或规划部门）也可将规划编制工作委托给持有相应设计资质的交通规划设计单位或大专院校进行。

由于交通规划涉及范围广、技术要求高、社会影响大，因此，在规划编制过程中一般要成立三个机构：规划领导小组、规划办公室、规划编制课题组。

（二）确定交通规划指导思想、规划原则

1.确定交通规划指导思想

交通规划的指导思想因交通规划类型、层次不同及规划区域不同而不同，没有统一的标准，应结合当地的实际情况制定。但一般来说，在制定交通规划的指导思想时，应考虑以下要求：

第一，要有战略高度。交通规划必须从战略的高度出发，考虑比较广阔的地域和比较长久的时间，考虑城市或区域的性质、功能、特点，在国民经济中的政治、经济、文化、科技、军事、运输等方面的地位和作用，城市或区域本身的结

构、布局、地理和历史特点，使交通规划有广泛的适应性、长久的连续性，从而使交通规划能很好地适应未来，为现代化服务。

第二，要有全局观点。交通系统是一个复杂的系统，交通规划必须从全局、整体出发，将交通系统视为一个相互联系的有机整体，进行全面的综合分析，从整体、系统上进行宏观控制。局部应服全局，个体应服从整体，微观应服从宏观，治标应服从治本，眼前应服从长远，子系统应服从大系统。只有重视了全局、整体和大系统的要求，使系统在整体上合理、经济、最优，才能提高交通规划的综合效益和整体质量。

第三，体现可持续发展理念。我国的土地资源与能源相当缺乏，环境污染已经相当严重，而交通系统要消耗大量的土地资源与能源，同时影响环境。因此，交通规划应尽量节约宝贵的土地资源，优先发展低能耗、低污染的交通方式，以促进交通系统的可持续发展。

第四，符合经济发展要求。交通系统直接为社会、经济、人民生活服务，交通系统的质量影响社会、经济的发展。同时，交通系统的发展又依赖于社会、经济发展水平。因此，交通规划应充分考虑交通与社会、经济、人民生活水平的关系，使之协调发展、彼此促进。

2.确定交通规划原则

交通规划原则也因规划类型，规划区域的不同而不同，但一般来说，进行交通规划时，必须遵循以下原则：

一是交通系统建设服务于经济发展原则。交通系统发展布局必须服从于社会经济发展的总战略、总目标，服从于生产力分布的大格局。交通系统建设必须与所在区域或城市的社会经济发展各阶段目标相协调，并为当地社会经济发展服务。

二是综合运输协调发展原则。在区域交通系统中进行某一交通运输方式网络的规划时，必须综合考虑所在区域的铁路、公路、水路、航空、管道五大运输方式的优势与特点，宜陆则陆，宜水则水，形成优势互补、协调发展的综合运输网络。在城市交通系统规划中进行某一专项交通规划时，必须综合考虑步行、自行车、公共交通、私人小汽车、出租车等出行方式的优势与特点，形成优势互补、协调发展的城市综合交通系统。

三是局部服从整体原则。某一层次的交通规划必须服从于上一层次交通系统总体布局要求。例如，在区域交通系统规划中，省域公路网规划必须以国家干线网规划为前提，市域公路网规划必须以国家干线网、省域干线网规划为前提。在城市交通系统规划中，某一交通方式的规划必须服从于综合交通规划，道路网络规划及停车场布局规划必须与综合交通规划为前提等。

四是近期与远期相结合原则。交通系统建设是一个长期发展的过程。一个合理的交通系统建设规划应包括远期发展战略规划、中期建设规划、近期项目建设规划三个层次，并满足"近期宜细、中期有准备、远期有设想"的要求。交通系统建设的长期性决定了交通系统规划必须具有"规划滚动"的可操作，"规划滚动"以规划的近期与远期相结合为前提。

五是需要和可能相结合原则。交通系统建设规划，既要考虑社会经济的发展对交通运输的要求，建设尽可能与社会经济发展相协调的交通网络，以促进社会经济的发展，又要充分考虑人力、物力、财力等建设条件的可能性，实事求是地进行交通网络的规划、布局及实施安排。

六是理论与实践相结合原则。交通系统规划是一个相当复杂的系统工程问题，必须利用系统工程的理论方法，对交通系统从系统相互协调关系上进行分析、预测、规划及评价，才能获得总体效益最佳的交通系统规划布局及建设方案。但交通规划若脱离了工程实际，就会变成了"纸上谈兵"，失去了其实际意义。

第二节　道路交通管理与控制

交通规划与设计为交通基础设施的建设方案提供了理论依据，重点回答了交通设施是否建设、多大规模、建在哪里以及何时建设等问题。然而，大型交通基础设施的建设周期长、投资规模大，具有较强的稳定性，一旦建成往往改变困难，而交通需求则呈现出相对动态的时间和空间变化特点，1 d甚至1 h内都会不同。道路交通管理与控制的重点就是在最小化改变既有道路交通基础设施条件下，通过交通法规或政策措施、工程技术、交通信号控制等方面的综合技术应用，实现动态交通需求与交通设施服务能力的最佳平衡。因此，交通管理与控制是动态或准动态地调节交通系统供需关系和交通状态的重要手段。通过本章学习，应了解道路交通管理与控制的基本概念、主要分类、基本技术与方法。

一、交通管理与控制的目的与作用

交通管理是根据有关交通法规和政策措施，采用交通工程科学与技术，对交通系统中的人、车、路和环境进行管理，特别是对交通流（人流、车流、货流）合理地引导、限制、组织和指挥，以保障交通的安全、有序、畅通、舒适、高效。

交通控制是运用各种控制软硬设备，如人工、交通信号、电子计算机、可变标志等手段来合理地指挥和控制交通。从宏观上讲，交通管理包含了交通控制的内容，交通控制是交通管理的某一表现方式。因此，交通管理与交通控制是一个有机体。

交通管理与控制的主要目的包括：①通过削减交通需求总量、优化交通出行方式结构等措施提高交通需求的合理性，减少交通流量（特别是个体机动车交通流量）；②通过对交通系统的运行组织、引导和控制，实现交通流在时间、空间上的均衡分布，均匀交通负荷，提高道路交通资源供给的有效性，以缓解交通压力。

交通管理与控制的作用主要体现在：第一，科学合理的交通管理与控制能挖掘现有道路设施的潜力，提高道路使用效率，充分发挥其通行能力；第二，通过交通管理与控制能协调解决路少、车多、人多、交通拥塞等矛盾；第三，交通管理与控制具有指导作用，先进的交通管理与控制理念能引导合理的交通需求，指导交通基础设施的建设与发展；第四，实施交通管理与控制需要的投入较少，但效率又高，因此社会效益与经济效益都很好。

总之，交通管理与控制是实现交通运输的基本条件，再好的交通基础设施，没有交通管理与控制也不能高效发挥其作用。

二、交通管理与控制的发展演变

交通管理与控制的研究随车辆与道路交通而产生。随着社会及汽车工业的发展，交通管理与控制的目的与技术措施也在不断变化。总结交通管理与控制的发展历程，大体上可分为以下四个阶段：

第一阶段，交通管理的产生与传统交通管理。汽车交通出现初期，交通问题主要体现为交通事故的预防。治理交通的目标，在交通建设上是建设适合汽车行驶的道路；在交通管理上主要是克服因机动化快速交通的出现而引起的频繁交通事故，保障交通安全。采取的管理措施主要是针对性地分道行驶、限制车速、在交叉口上指挥相交车辆运行，避免发生冲突等。随着汽车交通总量的增长，交通拥堵逐渐成为主要交通问题，治理交通的目标，主要是在交通建设上增建道路以满足汽车交通需求的增长；在交通管理上，除交通安全外，最直接的目标是缓解交通拥堵，需要提高道路交通的通行效率，由此出现了如单向交通、变向交通、交叉口信号控制等措施，形成以"按需增供"为主要特点的交通管理方法。

第二阶段，交通系统管理。进入20世纪70年代，由于社会对环境的重视，加上土地资源的限制、石油危机以及当时的财政状况等因素；同时，科学技术上，系统工程、计算机技术的成就，给交通管理与控制提供了强大的技术支持。在这些社会、科技背景下，治理交通问题的理念从增建道路满足交通需求转向以提高现有道路交通效率为主，即从"按需增供"的传统交通管理方法变为"按需管供"的交通系统管理方法。交通系统管理特点是将人、车、路、环境作为一个统一体，从系统角度探求使现有交通发挥最优效益的交通问题综合治理方案，从而避免交通问题的转移。

第三阶段，交通需求管理。20世纪70年代末，在汽车交通需求不断增长的情况下，人们在治理交通的实践中逐步认识到，仅仅通过增建道路、提高道路交通效率永远满足不了交通需求的增长，反而会刺激潜在的交通需求，并增加交通污染的严重程度。因此，逐步形成并提出了"交通需求管理"的理念与方法。这是在交通治理观念上的一次重要变革：从历来由增建道路来满足交通需求的增长转变为对交通需求加以管理，降低需求总量和优化出行结构，以适应已有道路交通设施能够容纳的程度，即改"按需增供""按需管供"为"按供管需"，以达到交通可持续发展的目的。交通需求管理的特点是在基本不增加交通供给的情况下，减少交通需求，使交通供求平衡，从而解决交通问题。

第四阶段，智能交通管理。20世纪80年代后期，随着信息技术、人工智能技术、计算机及通信技术的发展，在70年代研究"自适应交通信号控制系统"与"路线导行系统"的基础上，逐步扩展成智能交通运输系统的研究。到90年代，"智能交通运输系统"已成为各交通发达国家交通科研、技术与产品市场竞争的热点。"智能交通运输系统"成为21世纪现代化地面交通运输体系的模式和发展方向，是交通进入信息时代的重要标志。

智能化管理的特点是在基本不进行交通基础设施建设的同时，采用高新技术，增加交通供给能力来满足交通需求，使交通供求平衡，以解决交通问题。

第三节　道路交通安全与评价

一、交通安全管理的主要内容

（一）交通安全管理的流程

"道路交通安全管理是城市发展的重要内容，也是保障人们人身安全和财产安全的重要任务。"[①]道路交通安全管理过程为系统规划、项目规划以及近期设计、操作和维护提供信息。道路交通安全管理流程包括：找出可以实施减少事故频次或严重程度措施的地点；了解交通事故发生的模式和最可能减少某一地点事故发生频率的对策；估计某一项措施的经济效益；开发优化的项目列表以改进；评估减少事故频次对策的有效性。

道路交通安全管理过程中，活动可以独立地进行，或者可以集成到用于监视运输网络的循环过程中。交通安全管理有六块内容，即路网甄别（黑点鉴别）、存在问题诊断、改善方案决策、经济评价、对方案进行排序、安全效益评价。六块内容相互联系、相互交织，并不断迭代循环。

（二）路网交通安全勘查

路网交通安全勘察（路网甄别）是整个道路安全管理循环中的第一步，是为了审查交通网络，从而识别出实施改进措施后能实现事故频次减少的地点并且将它们从最可能到最不可能进行排序。那些最有可能实现减少事故频次的地点会被用来进行更加详细的研究，包括事故发生模式、导致因素以及合适的对策。路网

---

① 张宇.城市道路交通安全管理对策浅述[J].建筑工程技术与设计，2017（8）：2448.

交通安全勘察也可以被用来制定和实施一项政策，比如在一些有较高数量的冲出道路事故的地点，优先更换非标准护栏。本小节将会介绍路网交通安全勘察的过程、评价指标以及勘察方法。

路网交通安全勘察，一般可以分为以下五步：

1.确立研究目标

确立路网交通安全勘察的目的或预期结果，确立重点研究的对象。同时，也可以识别具有特殊事故类型或严重程度的地点，以便制定或实施政策。

如果应用路网交通安全勘察来识别可以减少事故频次的地点，则评价指标适用于所有地点。根据分析结果，那些有可能被改进的地点会被进行进一步分析。该分析类似于用于识别"事故频发地点"的黑点鉴别法。

黑点鉴别本身也可以划分为三个关键问题，即路段划分、黑点鉴别标准选择以及指标值计算。黑点鉴别方法也在不断更新。最早出现同时也是最简单的黑点鉴别方法是基于事故数、事故率的数值方法。随后研究者考虑事故是随机产生的，并受到多种因素的影响，经验贝叶斯法、全贝叶斯等统计学方法被研究者应用到黑点鉴别中来，以消除事故随机性带来的影响。此外，考虑黑点鉴别这项工作的实际意义，有部分方法将显著超过平均水平的点作为事故黑点，如事故降低可能性法，同时与贝叶斯方法的结合也使这类方法得到改进。

2.识别路网并建立参考群体

识别要筛选路网元素，并将这些元素组织成参考群体。可以筛选的道路网络元素的示例，包括交叉点、道路段、设施、坡道、坡道终点交叉点和坡道铁路交叉口。

参考群体是具有相似特征的一组地点。最终会在参考群体中对每个地点进行优先级排序。在一些情况下，可以在参考群体之间进行性能指标比较。在下面的章节中确定了用于建立交叉路口和道路段的参考群体的特征。

可以用于确认道路交叉口参考群体的特征有：交通控制、交叉口进口道数、横断面、功能分类、区域类型、交通量范围和地形等。定义参考群体的特性，可以根据关于每个交叉点的已知的细节、路网交通安全勘察的目的、要筛选路网的大小以及所选择的性能指标而变化。

道路段是具有一致的道路横截面，并由两个端点限定的交通设施的一部分。这些端点可以是两个交叉点、出口或入口匝道、道路横截面的变化、公里标记或路桩，或以下列出的任何道路特征的变化：每个方向的车道数、通行密度、交通量范围、中间护栏类型或宽度、运行速度或限定速度、相邻土地利用情况、地形和功能分类。

3.选择路网交通勘察性能评价指标

路网勘察过程的第三步是选择一个或多个性能指标，用于评估减少某一地点的事故数量或严重性的可能性。正如交叉口交通运行分析可以用车辆延迟、队列长度或交通量与相应路段的通行能力的比值来评价，交叉路口安全性可以根据平均事故频次、预期平均事故频次、临界事故率，或几种其他性能指标来衡量。在路网勘察中，使用多个性能度量来评估每个地点可以提高结果的置信水平。

选择性能指标的关键考虑因素是数据可用性、平均偏差回归以及如何建立性能阈值。

4.选择鉴别方法

这一步要与评价指标的选择一致，主要有三种方法，即滑动窗口法、简单排序法和峰值搜索法。对于路段（如道路路段、匝道），可以使用滑动窗口法或者峰值搜索法来鉴别筛选；对于某一节点（如交叉口或者匝道终端交叉口），可以用简单搜索法；对于交通设施（节点和路段的结合），可以结合节点和路段的搜索方法。

5.鉴别和评价

该过程的最后一步是进行筛选分析和评估结果。通过节点、路段或设施来鉴别。筛选分析的结果是根据所选性能指标排序的地点的列表。列表中较高的那些地点是指最有可能在减少事故频次的对策中受益的地点。对这些地点的进一步研究，将告诉我们什么样的改进可能是最有效的。

（三）交通安全诊断

交通安全诊断是道路交通安全管理的第二步。诊断的预期结果是识别事故的原因以及可以进一步评估的潜在安全问题或事故模式。

交通安全诊断，一般包括以下三个步骤：

1.事故数据审查

交通安全诊断从审查事故类型、事故严重性或道路环境条件（如路面、天气或照明条件）数据开始。这种审查可以识别与时间、事故前的行进方向、天气状况或驾驶员行为相关的模式。建议编制和审查三至五年的安全数据，以提高诊断的可靠性。安全数据审查可以考虑：①事故条件的描述性统计，包括事故发生的时间地点、事故类型、严重程度或道路环境条件等。这些信息是从警察的报告中获得的。同时，可以借助柱状图、饼图或表格来展现事故数据的描述性统计。②事故位置总结。事故位置可以用三种工具进行总结，即碰撞图、条件图和使用地理信息系统（Geographic Information System，GIS）工具产生的碰撞映射图。这三种工具都是可视化工具，可以显示与事故位置相关的信息。

2.评估支持文件

评估文件提供了关于地点条件的信息，包括基础设施的改善、交通运营、道路几何线形、交通控制、使用的交通方式以及相关的公众评论。

本评估的目的是获取和审查本地交通专业人员的文件信息或个人证词，为事故数据审查提供额外的视角。这些文档中所提供的该地点设施变化信息可以用来识别新的安全问题或验证事故数据审核中确定的问题。

3.地点条件评估

勘察该地点以审查和观察该地区的各种交通设施特征，特别是使用不同交通方式的人如何通过该地点的。

诊断可以通过现场调查来进行。实地观察可以用来验证由事故数据或支持性文件审查中发现的安全问题。在现场调查期间，收集第一手地点信息以帮助理解在研究地点的机动车和非机动车的通行特征，通过分析各种交通方式的通行方向以及之间的可能交叉碰点，辨识可能的事故原因。

（四）交通安全改善方案与经济效益评估

1.交通安全改善方案

根据可能导致观察到的事故模式或安全问题的影响因素，选择改进措施来解决相应的影响因素。

首先，要识别研究地点导致事故发生的因素。识别事故导致因素的一个很有用的方法是哈顿矩阵。在哈顿矩阵中，事故的导致因素分为人、车和路三类，并且将可能的事故情况分为了三个时段，即事故发生前、发生时和发生后，以识别事故发生的原因。改进措施，需同时考虑审查现场信息、事故特征和支持文档等信息。此外，还可考虑一些教育或强制执行的改进措施。

2.经济效益评估

经济效益评估是为了比较几个可能的事故改善措施所产生的效益。通常改善措施的实施成本以货币计算，拟采用措施的效果通过预测的事故频次或事故严重程度的变化来表征，并进一步将事故频次或严重程度的预期变化转化成货币值，与改善措施的实施成本进行对比，以进行经济效益评估。

二、交通安全评价

交通安全可以通过客观的安全程度和主观的安全感受进行评价。交通参与者在交通活动中随时都伴随着不同的心理感受，如安全感、舒适感、速度感等。其中，安全感是交通参与者对交通运行状态危险等级的一种心理反应，是一种比较模糊的个体心理状态。而安全程度则可以通过各种方式进行量化、评价和比较。交通安全程度，也称安全度，是指某一国家、地区、路线、路段或某一交叉口交通活动的安全状态，是交通事故发生情况是否严重的客观反映。交通安全评价，其实就是交通安全程度的评估过程，在一定程度上能反映出道路设施、交通安全设施与交通管理的服务水平。

（一）交通安全评价的界定

交通安全评价是借助于安全系统工程的相关理论，对道路交通系统的安全状态进行定性与定量分析，得出关于某一地区、线路或地段安全程度的评估结论，用以指导该地区交通安全管理工作，或对道路工程设计等方面提出指导意见的活动。

依据评价对象的不同，交通安全评价可分为宏观评价与微观评价两种。

宏观评价着眼于区域，研究区域经济、车辆保有量、人口及其构成与交通安全的相互关系。其目的在于分析某一区域的社会变革、经济和技术的发展所引起的交通安全状况的变化，并找寻能应对这种变化的技术与政策措施。

微观评价着眼于具体，从不同的角度分析影响交通安全、诱发交通事故的各种具体因素，为改善某一路段、路口的安全状况或规范某一交通行为制定可行性措施。

（二）交通安全评价指标

在我国如何建立起安全评价标准与指标体系，做到既客观又科学地反映道路交通安全程度，并能与我国当前社会经济和道路交通实际状况相适应，使其成为衡量与评价全国道路交通安全的依据，是一个值得探讨和研究的课题。目前，常用的交通安全评价指标与统一指标相统一，分为两类，即绝对指标（也称事故总量指标）和相对指标（也称事故率指标）。

（三）交通安全评价方法

"交通安全评价能对交通系统中固有的或潜在的危险进行预测或评估，进而为采取措施改善交通安全现状提供依据。"[1]交通安全评价的方法有很多，有宏观评价的方法，也有微观评价的方法；有单一指标的评价方法，也有多指标的综合评价方法，每一种评价方法都有所侧重。

下面简单介绍一种常用的评价方法——强度分析法。

事故强度分析法是综合国际、国内相关资料，以事故强度指标作为交通安全度评价指标，对交通安全进行综合评价的方法。这是一种较为科学的交通安全度评价方法。

（四）道路交通安全态势评估

一条或与之相关的多条道路当前交通运行安全状态及未来演变趋势，称为交通安全态势。对交通安全态势进行恰当的评估，可为采取相应的交通管制措施提供依据。交通安全态势评估针对公路交通进行，按《公路交通安全态势评估规范》（GAAT960）的规定进行评估。

1.交通安全态势影响因素

交通安全态势影响因素主要有：

（1）气象条件，包括雾、雨、风、冰冻、雪等。

（2）交通流状态，包括流量突变、路段车速差以及路面车辆构成比例等。

（3）交通事件，包括交通事故、车辆故障、散落物等。

（4）交通违法行为，包括机动车超速行驶、不按规定车道行驶、违法停

---

① 　锁嘉.道路交通安全评价技术[J].交通标准化，2008（6）：80-85.

车、逆行、倒车等。

（5）历史交通事故，包括交通事故统计等。

（6）公路条件，包括公路等级、几何线形、安全设施、危险点（段）情况、养护施工状况等。

2.安全态势等级划分

针对不同的评估对象，应用不同指标将路网或路段交通安全态势等级划分为Ⅰ级、Ⅱ级、Ⅲ级、Ⅳ级。其中，"Ⅰ级"（红色）表示路网或路段的交通安全态势特别严重；"Ⅱ级"（橙色）表示路网或路段的交通安全态势非常严重；"Ⅲ级"（黄色）表示路网或路段的交通安全态势比较严重；"Ⅳ级"（蓝色）表示路网或路段的交通安全态势，一般评估指标参见GAAT 960。

3.交通安全态势评估

单项评估：针对标准中雾、雨、事故、安全设施等单项规定的指标进行的评估。

综合评估：依据评估对象，参照多因素组合条件下的权重值。综合评估的方法主要采用模糊综合层次分析法、主成分分析法、层次分析法等。

第三章 交通运输的需求与供给分析

交通运输业是国民经济建设的基础产业。它揭示了交通运输与国民经济发展之间的供求关系以及运输系统内部的结构，是研究我国交通运输发展战略的基本前提。

第一节 交通运输需求分析

"需求"一词是经济学中较常使用的一个概念。通俗地讲，需求是有支付能力的需要。运输需求就是运输市场需求，即货主或旅客对运输供给部门提出为实现货物或者旅客空间位移的要求。现实的运输需求应具备两个条件：第一，有购买运输劳务的欲望或要求；第二，有这种购买能力，能够实现这种欲望或要求。两者缺一不可，否则便不能形成现实的运输需求。

在经济学中，把消费者在某一特定时期内和某一价格水平下愿意并能够购买的商品和劳务的数量，称为需求。需要特别指出的是，需求是购买愿望和货币支付能力的统一。如果只有购买的愿望，则只能称之为需要或者愿望，而不能是需求。例如，想拥有一辆汽车是绝大多数家庭的愿望，对汽车的需要是普遍和强烈的，但是目前市场上由于家庭收入的限制以及昂贵的汽车销售价格和使用费用，使得绝大多数家庭并不具备对汽车的购买能力，所以很多家庭即使有购买汽车的"需要"，但却不能构成对汽车的"需求"。在汽车销售过程中，开展信贷业务，其目的就在于开发消费者的需求，使之通过贷款而具备相应的支付能力。

一、运输需求的内容及影响因素

（一）运输需求的内容

1.运输需求量

运输需求量，即流量，常以货运量（吨）和客运量（人）来表示，指运输需求的规模大小和数量的多少。

2.流向

流向，即货物或旅客在空间位置转移的地理走向，表明货物或旅客从何处来到何处去，说明地域间经济和居民的运输联系。

3.运输距离

运输距离，即流程，是指货物或旅客在空间上位置转移的起始点之间的距离。

4.运输时间

运输时间，即流时，是指起运的时间与运达的时间以及两者之间的时间长度。

5.运输构成

运输构成，是指各类货物和旅客运输需求占总需求的比重。

（二）运输需求的影响因素

"随着社会经济的发展，运输需求也在不断地适应着社会的变化。"[①]影响运输需求的因素主要有以下几种：

（1）经济发展水平。随着我国改革开放的进一步深化和市场经济的迅速发展，人口的流动性大大增加，客运量出现了强劲的增长势头。例如，假日经济的发展，使得在"五一""国庆"假日期间，铁路、公路、航空的主要运输都出现了高峰期；在每年春运期间，由农村剩余劳动力转移形成的"民工潮"愈演愈烈，使得铁路严重超员，不堪重负。

（2）国民消费水平。根据马斯洛的需求层次理论，吃、穿、住、医疗只能算是人们起码的生存和安全需要。这些需要满足后，必然会产生友谊和社交的需要。因此，随着人们生活水平的提高，探亲、休养、旅游、访友等需要必然增长，而与此相联系的消费性需求也将随着生活水平的提高在数量和质量上发生变化。

---

① 李晔.运输需求浅析[J].现代交际，2018（4）：253-254.

（3）人口数量和城市化程度。旅客运输的对象是人，人口数量的变化必然引起旅行需求的变化。这两项因素是影响旅客运输需求的重要因素。

（4）旅行费用。旅行费用，即运输服务价格的变动对旅行需求的影响较大，尤其是对消费性旅行需求影响更大。

（5）运输服务的质量。安全、迅速、便利的运输服务网将刺激旅客旅行需求。反之，则抑制旅行需求。

（6）对于某种运输方式的旅行需求来说，其他运输方式的开通、运价水平和服务质量直接影响其运输需求。例如，京沪两地目前主要是依靠铁路和公路进行旅客运输，然而即将开通的京沪高速铁路，无疑会以其更加方便和快速的优势吸引大批原来的客流，进而影响旧的运输结构。

二、运输需求的类别及特征

（一）运输需求的类别划分

1.根据运输需求的范围不同划分

（1）个别运输需求

个别运输需求是指特定的货主或旅客所提出的运输要求，它因个别货物或旅客各自的特点而不同。例如，在货运方面，有的货物需要严格的运输质量管理，以保证安全运输，如危险品、化学品等；在客运方面，不同年龄、性别、身份的旅客对出行的服务、便捷度、时效性等要求也不相同。

（2）局部需求

局部需求是指不同地区因经济发展水平上的不同而产生的不同的运输需求，或者因自然条件等不同原因而产生的对某种运输方式的不同要求。这种需求在我国尤为突出，例如，我国东部地区经济发达，运输需求量较大；而西部地区相对落后，运输需求量较少。

（3）总体运输需求

总体运输需求，是指个别运输需求与局部运输需求的总和。它是从全社会、整个国家的宏观经济角度来考察的运输需求。

2.根据运输需求的性质划分

（1）生产性运输需求

生产性运输需求是与人类的生产、交换、分配相关联的运输需求，是基于社会生产活动而产生的运输需求，主要包括物和人的运输需求。例如，产品、半成品及所需材料、设备、辅助用品等物的运输需求，为职工上下班和联系公务生产的人的运输需求。

（2）消费性运输需求

消费性运输需求是以消费为目的的运输需求。例如，生活必需品、消费品的物的运输需求；上下班、购物、探亲、娱乐、上下学等运输需求。

3.根据运输需求产生的地域划分

（1）区域内运输需求

运输需求的起点和终点都在同一个区域A内，则为A的区域内运输需求。

（2）区域间运输需求

运输需求的起点在A区域，终点在B区域内，为A、B区域间运输需求。

（3）过境运输需求

运输需求的起点、终点均不在A区域内，但运输对象需利用A区域内的线路完成其位移，为A区域的过境运输需求。

4.根据运输方式的不同划分

按运输方式的不同，可以分为公路运输需求、铁路运输需求、航空运输需求、水路运输需求、管道运输需求以及多种方式的联合运输需求。

5.根据运输对象种类的不同划分

按运输需求及运输服务对象不同，可分为旅客运输需求和货物运输需求。

旅客运输需求一般可分为公务、商务、探亲和旅游四种类型。旅客运输需求来源于生产和消费两个不同的领域。其中，以公务和商务为目的的旅客运输需求来源于生产领域，与人类生产、交换和分配等活动有关的运输需求，可称为生产性旅行需求。这种需求是生活活动在运输领域的继续，其运输费用进入产品或服务成本。以探亲和旅游为目的的旅客运输需求来源于消费领域，可称为消费性旅行需求，其运输费用来源于个人收入。

货物运输需求的产生有以下三方面的原因：

一是自然资源地区分布的不均衡，使得生产力布局与资源产地产生了分离。自然资源是大自然赋予人类的宝贵财富，但是它的分布是不平衡的，这是不以人的意志为转移的自然地理现象。生产力的布局要考虑自然资源的分布状况，但不可能做到完全与自然资源相一致，社会经济活动必然要求自然资源由储藏丰富的地区向储藏缺乏的地区流动，这就必然产生运输需求。

二是生产力与消费群体的空间分离。由于各地区经济发展、产业结构和消费习惯的差异，使得生产力布局与消费群体产生了分离。随着生产社会化、专业化、区域经济和国际分工的发展，生产资源的进一步优化组合，某些产品的生产将日益集中在某个或某些区域，生产与消费空间的分离将日益增大，这就必然产生运输需求。

三是地区间商品在品种、质量、性能、价格上存在着差异。不同地区之间、不同国家之间因自然资源、科技水平、产业结构的不同，产品的质量、品种、性能、价格等方面就会产生很大的差异，由此会引起货物在空间上的流动，这就会产生运输需求。

（二）运输需求的特征表现

运输需求与商品经济条件下的一般需求相比，有其特殊性，主要表现在以下几个方面：

1.派生性

在经济生活中，如果一种商品或服务的需求是由另一种或几种商品或服务派生出来的，则称该商品或服务的需求为派生性需求；对引起派生需求的商品和服务的需求，则称为本源性需求。例如，货主或旅客需要出行而提出位移要求，但是他们的目的往往并不是位移本身，而是为了实现生产或者生活中的其他需求，如生产产品的需求、上下班的需求、外出旅游的需求，等等。所以说，社会经济活动是本源性需求，运输需求是派生性需求。当然，这也并不排除在某些生活水平较高的国家和地区，也会存在一定程度上成为本源性的需求。例如，人们乘坐动车体验它的高速和优质服务，等等。

2.广泛性

经济活动的空间独立性及其相互关联性的存在，生产与消费、供给与需求的普遍存在与相互分离，决定了运输需求的广泛性。在现代社会经济活动的各个方面都离不开人和物的空间位移。运输业作为一个特殊的物质生产部门，是所有经济社会活动赖以存在的基础，无论是宏观经济活动、中观经济活动，还是微观经济活动。也就是说，无论是人们的生产活动，还是社会活动及文化交往，运输需求都广泛地存在于人类生活和社会生产的各个角落。

3.多样性

人类活动的目的、形式是多种多样的，所产生的作用、关系也是丰富多彩的，由此产生的运输需求，无论是运输条件、运输方向、运输距离还是运输质量、运输时间、运输速度的要求都各不相同。例如，在货运方面，油品等液体货物需要用槽车、罐车、袖船、管道来运输，化学品、危险品以及长大件货物等也都要求特殊的运输条件，鲜活货物需要用冷藏车运输，等等；在客运方面，由于旅客的身份、收入水平、旅行目的的不同，对运输服务的质量要求也各不相同。因此，运输需求不仅有量的要求，还有质的保证，即包括安全、便捷、舒适、高效等要求。因此，运输服务的供给者必须满足运输的量和质等各方面、多层次的要求。

4.不平衡性

运输需求的不平衡性主要体现在空间和时间上。

运输需求具有空间特定性，即运输需求是对位移的要求，而且这种位移是运输消费者指定的两点间带有方向性的位移。运输需求的这一特点，构成了运输需求的两个要素，即流向和流程。对于货物运输来说，运输需求在方向上往往是不平衡的，特别是一些大宗货物如煤炭、石油、矿石等，都有很明显的流动方向，这是造成货物运输量在方向上不平衡的主要原因。例如，在通往林区、采矿场及煤矿的线路上，一般是进货少、出货多，或者是空车去、重车回，形成单边运输；在通往加工工业基地及大城市的线路上，往往是运去原材料和燃料的质量远远大于运出的产品的质量。

运输需求的时间特定性包括两方面内容：一是运输需求在时间上的不平衡性。例如，周末和重要节日前后的客运需求明显高于其他时间；市内交通的高峰期往往是在上下班时间；蔬菜和瓜果的收获季节往往是这类货物运输最繁忙的时期。这些反映在对运输需求的要求上，就是时间的特定性。运输需求在时间上的不平衡会引起运输生产在时间上的不均衡。二是对时间和速度的要求。运输消费者对运输服务的起始时间均有各自特定的要求，即运输消费者对运输服务的起运和到达时间有各自特定的要求。例如，在货运方面，有些商品要求必须在特定时间起运、特定时间到达，比如水果、海鲜等；在客运方面，由于每个人的身份、出行目的不同，对旅行时间的具体要求也不同，一般都要求快速、准时地到达目的地。运输需求的时间特定性引出运输需求的两个要素，即运输需求的流时和流速。运输速度和运输费用是成正比的，运输服务消费者必须在运输速度和运输费用之间进行权衡，以尽量小的费用和尽可能快的速度实现人与物的必要位移。

5.部分可替代性

不同的运输需求之间，一般来讲是不能互相替代的，如人与物的位移需求不能互相替代，不同目的地的运输需求也不能相互替代，不同品类的商品的运输需求也不能相互替代，但是随着现代科学技术的发展，人们可以对某些不同的运输需求做出替代性的安排。

一是"外部替代"，即指某种运输需求有时可以由运输以外的空间位移方式来替代。例如，煤炭的运输可以由长距离高压输电线路替代；在工业生产方面，当原料产地和产品市场分离的时候，人们可以通过生产位置的合理确定在运送原料还是运送产品或半成品之间做出选择；旅客的部分流动在一定的情况下可以由现代通信手段来替代。

二是"内部替代"，即指同一运输需求有时可以通过不同的运输方式来满足。因为货物运输需求是以货物的位移为目的，而铁路、公路、水运、航空、管道五种运输方式都具有这种功能，所以在这五种运输方式中，前四种都可以进行人员的位移。因此，从理论上说，不同运输方式相互之间的可替代性是显而易见的。例如，石油的运输可以通过铁路，也可以通过公路和管道运输，尤其是在某一运输通道中，同一运输需求完全可以通过不同的运输方式来满足，虽然不同运输方式都有自己的技术经济特点，随着交通网的不断完善，各种运输方式之间的分工日益明显，在实际运输活动中，人们总是选择最适当的运输方式来满足运输需求，但不同运输方式之间的部分可替代性是客观存在的。

由于运输的这种部分替代性，任何一种运输方式价格的变化，都会引导社会资源通过市场方式调整在各种运输方式间的分配，以最终实现运输产业结构的合理化，促使运输资源得到最佳配置和充分利用。

第二节 交通运输供给分析

一、运输供给的界定

（一）供给的概念理解

在了解运输供给的概念之前，我们有必要先了解一下经济学中较常使用的一个概念——供给。供给（supply）是指在一定对期内，在各种可能的价格水平上生产者愿意并且能够提供出售的某种商品或服务的数量。

在理解供给的概念时，需要注意把握以下四点：

1.供给是指特定时期的供给

由于考察时期的不同，供给可能会发生很大的变化，因此总要给供给概念限定时间界限。

2.供给是指对特定商品的供给

提到供给需要联系到特定的商品或服务，离开了特定的商品或服务，供给也就失去了意义。

3.供给是指有供给能力的供给

供给在要求卖者或生产者有供给欲望的同时，还必须具备供给的能力，供给是两者的统一，后者往往更加重要。

4.供给是指与价格相对应的供给

供给，一般是指价格与供给量之间的对应关系。在特定的条件下，对于每一个可能的价格水平，都会有一个供给量与之相对应。而供给量会随着价格的变化而发生变化，我们可以用供给函数来表示这种价格与供给量之间——对应的关系。

（二）运输供给的构成及内容

运输供给是指在一定时期内、一定的价格水平下，运输生产者愿意而且能够提供的运输服务的数量。"运输供给必须具备两个条件，即运输生产者出售运输服务的愿望和生产运输服务的能力，缺少其中任一条件，都不能形成有效的运输供给。"①

运输供给分两种情况：一是单个运输生产者的供给，二是运输服务的市场总供给。在一个特定时期内，单个运输生产者愿意出售的运输产品的数量，是该运输产品价格和该运输生产者生产成本的函数。运输服务的市场总供给，表示在不同的价格下与之相应的这种运输服务的所有生产者所能提供的总量。运输服务的市场总供给不仅取决于单个生产者供给量的所有因素，还取决于市场中这种商品生产者的数量。

1.运输供给的构成

在通常情况下，运输供给由以下三部分构成：

（1）运输基础设施部分

运输基础设施是提供运输供给的物质技术基础，是运输设备借以运行的载体，如铁路、公路、航道、管道等运输线路及车站、机场和港口等。

（2）载运设备部分

能够在一定运输线路上运行，并能在站、港、场等合适的地点停靠的运输工具，如车辆、船舶、飞机等。

需要注意的是，只有两者结合起来才能形成现实的运输供给能力。一方面，因为铁道公司、轮船公司、汽车运输公司、航空公司等运输企业，一般只负责运输工具的移动来完成客货运输的生产和经营活动，因而更多地具有"私人性"。而运输线路、车站、机场、码头等基础设施和上述运输企业有所不同，它们除了具有与一般运输企业相同的企业属性以外，更多地具有公共性。又因为线路和港、站等这些基础设施不仅不同的运输企业可以使用，而且非运输企业也可以使用，所以在较多的情况下需要由政府兴建并加以维护，我们应该肯定，进行这种区分是完全必要的。另一方面，虽然运输基础设施和经营性的运输企业有所不同，但我们也要肯定它们都是运输供给的重要组成部分，两部分是缺一不可的、不可分割的，只有将两者有效地结合起来，才能形成现实的运输生产力。

（3）支持保障部分

支持保障部分是指将基础设施部分与载运设备部分有效地结合起来。在前运

---

① 卢明银.运输经济学[M].徐州：中国矿业大学出版社，2016：43.

输化时期，甚至在运输化的初级阶段，运输供给的前两部分是直观的、触手可及的，而第三部分往往是隐形的，因而长期容易被忽视掉了。但到了运输化的完善阶段，运输现代化的步伐在加快，运输效率在提高，支持保障部分的作用越来越大，它不仅要保证运输基础设施和载运设备的有效结合、安全运行、服务周到、方便快捷，而且要保证各种运输供给方式的有效衔接、整体运作，并且向自动化、网络化、智能化的方向发展。到了后运输化阶段，支持保障部分的地位和作用会越来越突出，成为运输供给系统须臾不可分离的组成部分。

2.运输供给的内容

（1）运输供给量

运输供给量，通常用运输工具的运输能力来表示，它说明能够承运的货物和旅客的数量与规模。

（2）运输方式

运输方式，是指铁路、公路、航空、水运和管道五种不同的运输方式。

（3）运输布局

运输布局，是指运输基础设施在空间的分布和活动设备的合理配备及其发展变化的情况。

（4）运输经济管理体制

运输经济管理体制包括指导运输业发展所建立的相应运输所有制结构、运输企业制度、运输资源配置方式以及相应的宏观调节机制、政策和法规等。

二、运输供给的类别及影响因素

（一）运输供给的类别划分

1.根据运输供给的范围不同进行分类

（1）个别供给

个别供给是指特定的运输生产者所能提供的运输产品或服务。它属于微观经济的范畴。在我国社会主义市场经济条件下，运输生产者从属于不同的经济成分，分属于不同的运输方式，各个运输生产者自身的情况是千差万别的，因此他们所能提供的供给情况和能力也是不同的。

（2）局部供给

局部供给是指某个地区的运输生产者所能提供的运输供给，或者是某种运输方式所能够提供的运输供给。它是一个综观经济范畴。一般来说，经济发达地区的运输密度较大，运输业比较发达，因而运输供给能力相对充足；而边远地区、经济落后地区的运输网稀疏，运输业落后，所能提供的运输供给能力往往是不足的。我国的国土面积辽阔，地区经济发展不平衡，各个地区的运输布局状况不一，各种运输方式的分布及其所提供的运输供给能力也是不同的。

（3）运输总供给

运输总供给是从全社会、整个国民经济角度来考察的，它是成千上万个运输生产者从不同地域、不同角度及运用不同运输方式所提供的个别供给和局部供给的总和。

2.根据运输供给的地域范围不同进行分类

（1）区域内的运输供给

区域内的运输供给是指所提供的客货运输的起讫点都在某个特定的区域范围内。

（2）区域间的运输供给

区域间的运输供给是指客货运输的起讫点有一方在本地区，而另一方则在其他地区，它是区域间建立经济、社会和文化等各方面关系的必要条件。

（3）客、货流通过（过境）供给

客、货流通过（过境）供给是指客货运输的起讫点都不在本地区（或国家），运输生产者只是利用其自身所处的独特的地理位置和特定的交通线来为别的地区（或国家）的旅客或货物提供空间位移的方便，它并不与本地区的经济、社会和文化发展发生直接的关系。一般来说，此类运输供给在重要的交通枢纽和重要的运输通道上都会有大量存在。

3.按根据运输供给的性质不同来划分

运输生产者所提供的货物运输，一般来说都属于生产性的运输供给，它属于生产过程在流通领域中的继续；运输生产者所提供的旅客运输既有生产性的运输供给，也有消费性的运输供给。例如，前者为旅客外出务工、出差、采购、推销等而提供的运输供给；后者为旅客提供的休闲、度假、旅游等而提供的运输供给。

（二）运输供给的影响因素

因为供给与需求有着密不可分的联系，所以讨论影响运输供给的因素必然联系到运输需求，影响运输需求的一些因素同样也会影响运输供给。

运输供给有赖于以下几个主要影响因素：

1.经济因素

一个国家或地区的经济状况是运输供给发展的基本条件，也是影响运输供给的决定因素。一方面，经济发展会导致更大的运输需求；另一方面，使投巨资建设运输线路、站场设施及购置运输工具拥有极大的可能性。综观世界各国，运输业最发达、运输供给水平最高和运输供给能力最强的国家，是经济发展水平最高的一批发达资本主义国家，而广大的发展中国家，大都是运输业落后、运输供给短缺的国家。从一国经济发展的历史也可以看出，运输供给能力和水平是受制于该国当时的经济发展总水平的。经济实力越强大，越有可能拿出更多的国民收入投入到运输基础设施建设和运输设备制造中去。从一个国家不同地区的局部运输供给，也可以看出上述规律性的表现：在经济发达地区，运输基础设施比较齐备、运网密度较大、配套水平较高、供给能力较强。例如，我国的长江三角洲地区、京津唐地区、辽东半岛、山东半岛等是我国经济发达地区，也是运输供给水平较高的地区；而青藏高原地区是我国经济落后的地区，也是运输供给能力较差的地区。

从经济发展状况分析，运输供给实质上是探索资源的合理配置和有效运用问题。在今天中国的许多地方，即使目前尚未有一定规模的需求存在，但进行运输建设的呼声很高。经济要腾飞，运输须先行已成为共识。运输建设成了改善投资环境的重要部分，而经济发展又为运输供给的发展提供了契机。

2.技术因素

科学技术是推动社会发展的第一生产力，也是推动运输业发展的第一生产力。新型运输工具的出现、运输工具性能的重大改进，无一不是科技进步的结果。科学技术对于提高运输生产效率、降低运输成本、提高运输服务质量、提高生产的组织管理水平起着非常重要的作用。因此，科学技术的应用提高了运输供给的能力。

交通建筑业包括铁路、公路等交通线路的建设，水运航道的整治，运河的开凿，管道的铺设，以及港口、码头、车站、机场、桥梁、涵洞、隧道的建造等，它是一个特殊的支撑着运输基础设施建设的建筑行业。落后的交通建筑业难以支持运输基础设施的快速发展，只有用先进的技术武装起来，才能加快运输基础设施的建设速度，迅速提高运输供给能力。

运输设备包括火车机车和车辆、各类船舶、汽车、飞机等。落后的运输设备只能提供小运量、低运能、低速度的运输供给，而利用先进技术制造大牵引力、大载重量、高速运行的运输设备则可以大大提高运输生产效率，增加运输供给能力，提高运输供给水平。因此，运输设备制造业的发展水平，对运输供给的影响也是非常直接的。

例如，以蒸汽机发明引发的第一次科学技术革命使运输业进入了机器运输时代；第二次科学技术革命产生了内燃机火车和轮船，之后出现了汽车、飞机等现代运输工具，形成现有的五种运输工具；计算机和通信技术的发展使铁路运输实现了信号技术电子化、列车和编组站实现了自动控制；在水运方面，出现了自动化船舶、自动化无人机舱、卫星通信、卫星导航等；在航空运输和公路运输方面，出现了无人驾驶飞机、无人驾驶汽车。因此，科学技术的发展极大地促进了运输的发展，使运输供给能力和水平出现了史无前例的巨大增长。

3.运营策略

用技术来改善运输服务的方式取决于运营者的行为目标。例如，为了适应交通量的增加，就应提高管理水平，充分发挥原有的运输能力。运营者的行为也确定了运营成本被还原的程度及还原的方式，这是将运营成本转化为使用者成本（函数）的一种价格机制。

4.政府机构的要求和限制

运输政策是影响运输供给的重要政治因素，它是一个国家发展运输业的重要经济政策，运输政策的制定需要从经济、政治、军事以及国防等各个方面加以考虑，因而是国家利益和综合国力的重要体现。各国政府一般都对运输业实行不同程度的干预，因此政治和军事因素也对运输供给产生重要的影响。运营策略和价格政策常常要受到政府的调节和限制。例如，在一个被调节的运输方式中，运营者能够使用的价格策略有些是由政府机构制定的，有时连运输能力和使用的设备类型也由政府机构确定。

5.使用者行为

运输供给的有些特征取决于运输系统中使用者的行为。货主选择的运输服务方式，选择了不同的存储量、批量、频率和包装方式，就确定了货运总成本。

6.价格水平

运输供给除了受到上述几个方面因素的影响外，还受到运输服务价格、运输服务成本、运输的相关市场价格等因素的影响。在诸多因素中，运输产品价格是影响运输供给量的重要因素。在其他因素保持不变的情况下，运价同运输供给量呈同增同减趋势。当运价降低时，运输企业往往采取降低运输设备运转速度的措施，有的甚至于停航、封运等，从而使得供给量减少；反之，当运价增高时，运输企业不断提高运力，使用能力，多装快跑，从而使得供给量增加。

运输价格是由运输成本所决定的，引起运输成本变动的因素很多，其中生产要素价格和生产技术状况是最主要的两个因素。生产要素价格上涨，必然导致运输成本的增加，使运输供给量减少；生产技术的进步则意味着运输能力的提高或运输成本的降低，其结果是能够在原运价水平下，增加运输供给量。此外，运输工具的制造市场、运输工具的买卖市场等相关运输市场，其价格也将影响投放到运输市场上的供给能力。例如，买卖船市场的动态往往反映闲置吨位的进出市场的趋势。

这六个因素相互作用，导致了运输供给函数，它从使用者的角度描述了供给特征。

三、运输供给的特征及经济特点

（一）运输供给的特征表现

因为运输业是一种特殊的产业，其产品是运输服务，所以运输供给具有不同于其他产业产品的特征。

1.运输产品的非储存性

运输业的生产活动是通过运输工具使运输对象发生空间位置的变化，而不生产新的物质产品。因此，运输产品的生产和消费是同时进行的，即运输产品不能脱离生产过程而单独存在，所以，运输产品不能像一般工业品一样可以储存起来，这就是运输产品的非储存性。运输产品的非储存性决定了运输业不能采取运输产品储备的形式，而只能采取运输能力储备的形式来适应运输市场的变化。

运输业有固定设备多、固定资产投资大、投资回收期长等特点。运输能力的设计多按运输高峰的需求设计，具有一定的超前性，因而在短期内运输供给变动成本的比重较小，表现为短期成本曲线比较平缓，运输供给的价格弹性较大。对于运输市场来说，运输能力的超前建设与运输能力的储备，既可以适应市场需求增长的机遇，又可能因市场供过于求而产生风险。因为运输能力储备越大，承担的风险越大，适应市场需求的能力也越大；反之，承担的风险小，适应市场需求的能力也小。

2.运输供给的时空特定性和差异性

运输供给的时空特定性及其差异性特点是相互关联的同一问题的两个方面。我们在论述运输业的特点时，曾讲过运输生产过程与运输消费过程同时进行，运输供给必须满足需求者在流向、流量、流时和流程等方面的具体要求。而运输供给在满足运输需求者的上述要求时，它就具备了时空特定性的特点，但这并不意味着供给与需求、生产和消费之间不存在着差别和矛盾。

现实中生产与消费脱节的现象是不可避免的。在运输供给不能满足运输需求，或者在满足运输需求之外还有剩余的情况下，则表现出时空差异性的特点。例如，运输需求在运输时间上的规律性、在运输方向上的单向性、个别运输需求对运输工具的适应性等导致回程运力的浪费。为了实现供需的时空结合，企业要经常付出空载行驶的代价，这种由于供给与需求之间在时间、空间的差异性所造成的生产与消费的差异，使运输供给必须承担运力损失，以及空载行驶等经济上的风险。

3.运输供给的成本转移性

与运输生产的时空差异带来运力浪费情况相反的是，运输供给能够在较大范围内超额生产，但并不带来成本的明显上升。这种情况在我国各种方式的旅客运输中较为普遍。运输业可以在成本增加很少的情况下，当需求允许时，增加供给量，但伴随而来的是运输条件的恶化、运输服务质量的下降，使得本该由运输企业承担的成本部分地转移到消费者身上。此外，运输供给的成本转移还体现在由运输活动带来的空气、水、噪声等环境污染，能源和其他资源的过度消耗，以及交通阻塞等成本消耗也部分地转移到运输企业的社会外部成本中。

4.运输供给具有一定的不可分性

作为社会基础设施的一部分，运输供给具有一定的不可分性。例如，运输建设一般需要数量巨大的投资并需要进行连续的投资，才能形成运输能力，因此运输供给在资金上具有不可分性；运输设施的设计、建造一般需要相当长的时间，运输设施的寿命周期一般也很长，因此运输供给在时间上也具有一定的不可分性；从空间上的不可分性看，运输网络是一个整体，要为整个地区或整个国家服务，运输设施的能力一旦形成就很难在空间上转移，而运输服务的完成在很多情况下却是跨地区的，不应人为地加以分割。此外，运输业属于社会公共事业，为全社会的公众提供服务，且在某些情况下需由社会共同负担成本，因此在这方面显然也具有一定的不可分性。

5.运输供给的不平衡性

运输供给的不平衡性主要表现在时间和空间上的不平衡。①运输供给的季节性不平衡，导致运输供给出现高峰与低谷的悬殊变化。这两方面都带来运输供给在时间分布上的不平衡。②由于世界经济和贸易发展的不平衡性，运输供给在不同国家或地区之间也呈现出一定的不平衡性。经济发达国家或地区的运输供给量比较充分，而经济比较落后的国家或地区的运输供给量则相对滞后。此外，受运输市场运价和竞争状况的影响，当运输市场繁荣时，刺激运力投入；当运输市场萧条时，迫使运力退出。运输供给的不平衡性在我国国内市场上表现得不是很明显，而在国际市场上表现则非常突出。供给与需求的平衡是暂时的、相对的，而不平衡则是长期的、绝对的。

6.运输供给的可替代性和不可替代性并存

运输市场中，有铁路、公路、航空、水运和管道五种运输方式及多个运输供给者存在，有时几种运输方式或多个运输供给者都能完成同一运输对象的空间位置的变化，于是这些运输供给方式之间存在一定程度上的可替代性，这种可替代性构成了运输企业之间竞争的基础。但是，由于运输产品具有时间上的规定性和空间上的方向性，因此不同运输供给方式的替代性受到限制，各种运输方式的技术经济特征、发展水平、运输费用和在运输网中的分工也不同，所以运输方式之间的替代是有一定条件的。对于客运来说，旅客在旅行费用、服务质量、旅行速度之间进行权衡，选择最合适的运输方式；对于货运来说，运输费用、运输速度、方便程度是选择运输方式的依据。

运输产品在时间上、空间上的限制，以及人们对运输服务的经济性、方便性和舒适性的要求等，使得不同运输方式之间或同一运输方式中替代性受到限制，这种限制又使得每种运输方式之间或同种运输方式中的具有差别的运输服务都可能在某一领域的运输供给上形成一定程度的垄断。各种运输供给方式之间存在的复杂关系，使各种运输供给方式的关系往往难以确定，给运输市场供给的分析增加了难度。因此，在分析运输供给的关系时，必须以具体的时空为研究条件，这也是为什么在进行运输成本和运价的研究时，必须具体计算确定的到出发地点之间的运输成本和运价的原因所在。所以说，运输供给的替代性和不可替代性不仅是同时存在的，而且是有条件限制的。运输市场的供给之间既存在竞争，也存在垄断。

（二）各种运输方式的技术经济特征

现代运输业是由铁路、公路、水运、航空、管道五种供给方式构成的。正确认识这五种供给方式的技术经济特点，有助于我们认识和处理它们之间的相互关系和比例，提高运输供给能力和水平，以保证运输供给总量满足运输需求的增长。

1.铁路运输

铁路运输在世界运输业历史上有长达百年之辉煌，这与其自身的特点和优点有着十分密切的关系。

（1）牵引重量大

机车的牵引力是动力和线路状况的函数。在4‰的坡道上，蒸汽机车、内燃机车、电力机车的牵引力分别为4100吨、5700吨和5500吨。

（2）输送能力强

输送能力取决于机车、线路和管理状况。在6‰的坡道上，蒸汽机车、燃机车和电力机车的年输送能力分别为1280万吨、1520万吨和2000万吨；在复线自动闭塞的线路上，年输送能力可达7000万～8000万吨。

（3）运输成本低

运输成本与运距、运量以及运输密度成反比。铁路的平均运距一般较长，铁路运输的重载和高密度，决定它得以保持较低的运营支出。一般来说，铁路运输成本比河运和海运的费用要高一些，但比公路和航空运输要低得多。

（4）运输通用性好、连续性强

铁路既可以运送旅客，也可以运输货物，而且可以运送几乎不受任何性能限制的货物。由于铁路线广泛链接工业、农业、矿业、建筑业、商业、仓储业等各行各业的各个单位，因此可保证运输的连续性。凭借独特的钢制固定轨道，铁路运输除了受到特大自然灾害的影响以外，一般较少受气候、季节的制约和影响，可以实现全天候运输。

（5）运输速度较高

铁路列车的技术速度较高，但是在货物列车运行过程中，需要进行列车的编组、解体等技术作业，因而运行速度比技术速度要低很多，使货物的送达速度较低。这样可以缩短列车的技术作业时间，提高始发直达列车的比重，进而提高货物的送达速度。

（6）基本建设投资大

铁路运输由于固定设施的工程费、建筑材料、劳动力消耗大，因此线路投资高。

（7）能耗少，环境污染程度低

铁路机车单位功率所能牵引的重量约比汽车高10倍，也比飞机高得多，因而铁路运输单位运量的能耗也比公路运输和航空运输小得多；高速旅客列车的能耗按人·千米计不到汽车和飞机的1/50。由于能耗小，在各种运输中铁路是仅次于水运的对环境影响较小的工具之一。有数据表明，铁路运输对生态环境的污染比例为3.9%，只相当于公路运输（79.7%）的1/20，航空运输（10.9%）的1/3。随着科技水平的提高，铁路运输在能耗和环保上的优势更加明显。例如，随着重载技术的发展，单位运量的能耗将进一步降低；磁悬浮列车的开通和铁路电气化程度的提高，将使能耗和对环境的污染减少到最低限度。

2.公路运输

公路汽车运输是发展最快、应用最广、地位日趋重要的一种运输方式。公路汽车运输主要有如下技术经济特征：

（1）直达性好

汽车运输的直达性可转换为三个效益：距离效益，主要指汽车运输可以抄近路，而使运距少于铁路和水运；时间效益，主要指公路汽车运输的送达速度比铁路、水运快而带来的经济效益；质量效益，主要表现为汽车直达运输只要一装一卸，货物损伤少，而铁路运输通常需要多装多卸，货物损伤要大得多。

（2）机动灵活

汽车运输以一人一车为基本特点，体形小，操作方便，又无须铁路那样的专门轨道，对各种自然条件有较强的适应性，机动灵活，主要涉及农村运输、城市内部运输、城乡联系、铁路和水运网、站旅客和货物的集散、日用百货和鲜货的定期运输。

（3）载运量少

汽车运输运载量小，不适于运载大宗、笨重物资。

（4）环境污染严重

公路运输的环境污染比较严重，包括噪声污染、营运车辆的尾气等。统计结果表明，大气污染的90%是由公路运输汽车尾气污染引起的。

3.水运

水运包括内河运输和海洋运输两种形式，其主要的技术经济特征有以下几个方面：

（1）线路投资少

水运是线路投资较省的一种运输方式，江河、湖、海为水运提供了天然、廉价的航道，只要稍加治理，建立一些轮船泊位和装卸设备，便可供船只通航。据估计，内河航道单位基建成本只有公路的1/10、铁路的1/100；整治航道每公里投资大约只及公路的1/5～1/10。此外，内河航道的建设还可与兴修水利和修建水电站相结合，以取得综合经济效益。

（2）运载量大

水运比其他陆上运输有较大的载运量。内河驳船运载量，一般相当于普通列车的3～5倍，最大的矿石船可达28万吨，超巨型船舶可达50万吨。

（3）运输成本低

由于线路投资少和运载量大，因此内河航运成本分别为铁路运输和公路汽车运输的1/5和1/35，海运成本分别为铁路和公路运输的1/8和1/53。

（4）运输速度较低

水上运输船舶的送达速度慢，船舶的技术速度慢，在港停泊的时间长（约几天到十几天），有些货物要几个月甚至半年才能达到用户手中。

（5）灵活性差

由于水运受自然环境限制大，因此运输灵活性较差。水运网的分布是自然结果，往往与运输的经济要求不一致，而且很少能直线行驶；灵活性差，往往因航道河流枯水、冰冻以及大风和浓雾等而被迫中止运输。

4.航空运输

航空运输是由飞机、机场、导航设备诸多要素协调配合的一种运输方式。航空运输主要有如下技术经济特点：

（1）速度快

具有先进性能的民航飞机，飞行时速可达1000 km以上，这是其他运输方式所望尘莫及的。

（2）径路短

航空运输是在三维空间进行的，它几乎不受地面任何障碍物的影响，可实现两点间的直线运输，并可以到达其他运输方式不能到达的地方。

（3）基建成本低

开辟一条1000 km的民航线路，需要投资5亿元，占地667公顷；而修建一条同样长的铁路，需要投资20亿元，占地3000公顷。

（4）客运能力大

一列从北京至广州的火车，4天往返一趟，可载运旅客2000人左右，而一架300座的波音747飞机，4天往返8趟，就可载运4800人，后者为前者的两倍还要多。

（5）运输成本高

航空运输的运输成本高，运价昂贵。由于飞机造价高（每架波音747飞机的价格为1.5亿美元），飞行消耗高级燃料多（人·公里燃料消耗约为汽车的10倍、火车的6.6倍），运载量较小（最大飞机载重量也只有40～70吨），因而它的每吨·公里运输成本相当于公路汽车运输的7倍，铁路的18.6倍，水路的146倍。

（6）易受气候影响

航空运输受天气状况限制大。因为航空运输主要受惠于空气的浮力，所以气象状况是最大限制因素。早期的飞机机型小、速度慢、燃料容积小，只能在低空飞行，暴雨、大风均能使飞行受阻。第二次世界大战后，飞机性能得到了显著改善，而且人们还用雷达、除冰设备、夜航标以及各种辅助设施同恶劣天气做斗争，受天气限制和支配航行的现象比以前有改善。尽管如此，在冰、飘尘、暴雨和其他异常天气时，飞行仍可能受到干扰，甚至造成事故。

5.管道运输

管道运输是运输工具与线路合二为一的运输方式。它既可以输送液体和气体（如石油、天然气），又可以输送固体物资（如煤炭、矿石、建材等）。管道运输主要有如下技术经济特征：

（1）工程量小，占地少

由于管道运输只需铺设管线，修建泵站，土石方工程量比修建铁路小得多，而且在平原地区大多埋在地下、不占用农田。

（2）连续性好

管道受自然条件影响小，可保证一年四季昼夜均匀运输。

（3）运输量大

例如，美国阿拉斯加原油管道口径为1210 mm，每年输送原油达1亿吨；我国口径达720 mm的原油干线管道，年输送能力超过2000万吨。

（4）运价便宜

按吨·千米能耗计算，管道输送石油，在各种运输方式中是最低的。美国管道运输每吨·千米的运输成本相当于铁路的21%和公路的5%。

（5）污染少

管道运输基本上不污染环境。

（6）投资巨大

管道运输的主要缺点是修建管道、加油站和储油器都要耗费巨额投资。

（7）灵活性差

管道线路一经确定，运量则无调节余地，运输弹性小、灵活性差。

综上所述，可以看出，每一种运输方式各自都具有另外一种运输方式所不具有或者不完全具有的优点。

第四章　交通运输成本与价格管理

　　我国经济的不断发展，促进了我国交通运输业的不断发展。在交通运输工作中，经常会涉及重型起重机械的运输，由于这些设备的运输存在一定的特殊性，因此它们经常会引起运输成本的大幅度提升，对交通运输产生影响。在交通运输中，成本与价格问题一直被运输界所关注，而且交通运输成本与价格也是直接影响企业经济收入和未来发展的重要指标，因此，交通运输成本与价格管理工作至关重要。

第一节　交通运输成本构成及特征

　　交通运输业是国家经济的重要支柱之一。"随着我国国民经济的快速增长，大经济大物流时代的到来，在激烈的市场竞争环境下，降低总成本，增加企业的利润，提高经济效益，成为交通运输行业生存的关键，加强成本控制对于企业来说有着至关重要的意义。"[1]

一、交通运输成本的构成部分

　　交通运输业的固定设施，一般是指交通运输基础设施，如铁路线路、公路、站场和港口等，它们一旦建成就不能再移动，这些基础设施一般不能直接提供运输服务；交通运输业的移动设备是指移动性的运载工具，如铁路机车车辆、

---

[1]　祝成航.关于加强交通运输业成本控制的思考[J].中国乡镇企业会计，2020（4）：135-136.

汽车、船舶、飞机等，这些运载工具一般用来直接提供运输服务，它们显然也可以根据需要在不同地区或不同运输市场之间转移。

交通运输业资本的这种特殊性质，使得交通运输成本的分类与其他行业有所不同，即除了上述按生产要素的类别、与产量变化的关系以及时间长短等划分外，交通运输成本还需要被特别地划分为固定设施成本、移动设备拥有成本和运营成本三个部分。

（一）固定设施成本

固定设施成本是指政府或企业为形成一定供给能力的固定设施所耗费的所有费用支出，包括建设投资成本、养护维护成本和其他相关成本。

固定设施对每一种运输方式都是必不可少的。铁路运输需要轨道、车站和编组站，汽车需要公路和停车场地，航空离不开机场和空中指挥系统，船舶要在港口停泊和装卸，而管道本身就是固定设施。有些固定运输设施，如管道和铁路的所有者本身就提供相应的运输服务，但是在大多数情况下，固定运输设施的所有者与相应的运输服务的提供者是分离的。

固定设施的建设投资被认为是一种沉没成本，因为这些设施一旦建成就不能再移动，而且在一定程度上不能再被用于其他任何用途。例如，港口和道路被废弃时，原来的码头和路基几乎无法改作他用。有学者甚至认为，从这一点来看，已经形成固定运输设施的投资是没有机会成本的，其原因是该资源已经没有再被用于其他用途的机会。由于固定运输设施在地理区域上的位置固定，决定了它只能被与那个位置有关的人或货物利用。也正是由于这个原因，在运输系统中常常出现一部分固定设施出现拥挤，而与此同时另一部分固定设施被闲置一边的现象。

固定设施除了初始的投资建设，还需要在使用寿命期间内进行养护和维修，因此固定设施成本还包括养护、维修及其他相关使用成本。与投资相比，这些固定设施的养护、维修及使用费用较少，其中有些费用与使用这些固定设施完成的运输量的大小无关，属于固定成本；另外一些费用，则可能与运输量有密切联系，属于可变成本。

有些固定设施的成本不会直接计入交通运输服务供应商的运营成本，比如政府投资兴建的城市道路、乡村道路等，具有公共物品的性质，利用城市道路、乡村道路提供客货运输服务的企业无须为此支付费用（当然实际上通过各种税费，比如车船税、燃油税等形式间接支出）。

另外，一些固定设施的成本会直接计入交通运输服务供应商的运营成本。比如收费的高速公路，其高速公路固定设施成本通过过路费的形式进入了客货运输企业的运营成本。机场建设成本通过机场服务费的方式进入了航空公司的运营成本。

（二）移动设备拥有成本

移动设备拥有成本是指企业为拥有某种运载工具所花费的所有支出，包括运载工具的购置（或租赁）费用以及与运输工作量无关的维护费用。

管道是唯一仅使用固定设施的运输方式，其他各种运输方式都同时包括固定设施和移动设备，可移动的运载工具包括铁路机车车辆、载货汽车、公共汽车、小汽车、船舶和飞机等。由于这些运载工具可以根据需要在不同运输市场之间，甚至不同用途之间转移（也就是说它们的用途不是唯一的，能够允许人们进行选择），因此在移动运载工具上的投资不属于沉没成本。各种运载工具都有自己的市场价格，其中既有新车、新船、新飞机的市场价格，也存在很多运载工具的二手货市场，以方便人们转让这些还有使用价值的运载工具。

各种运载工具都有自己的使用寿命，为保持运载工具功能的正常发挥，需要定期的维护保养工作，有些维护保养工作与运输工作量无关，其费用属于固定成本支出。运载工具的购置费用在其使用期内会通过折旧逐渐转化为运营成本。使用寿命决定着运载工具的折旧过程，如有些运载工具的使用寿命是以年限计算的。在这种情况下，运载工具的折旧转移成本与其使用中所完成的运输量没有直接关系，是每年或每月固定的成本。此外，还有些运载工具的使用寿命是以行驶里程计算的。在这种情况下，运载工具的折旧转移成本就与其使用中提供的运输量直接有关，属于可变成本。

（三）运营成本

运营成本是指交通运输企业为完成运输服务所支出的所有费用，包括人员工资、能源费用、管理费用、折旧费用以及相关的材料及维护费用等。在运营成本中，有两类是直接与运输量相关的可变成本，一类是直接运营人员的工资，另一类是运输工具消耗的能源燃料。运输工作量越大，这些直接的运营成本数量也会越大。除了这些直接与运输量相关的可变成本，运输企业一般还需要配备若干辅助人员和管理人员，这些辅助人员和管理人员的工资以及所需要的工作开支属于间接运营成本。间接运营成本的一部分是与运输量有关的可变成本，其他部分与运输量变动的关系不大。

不同运输方式的运输成本中，固定设施成本、移动设备拥有成本和运营成本各自所占的比重或涉及的程度是有差别的，其相应部分伴随运输量的不变性或可变性也不一样。而且，这种不变性或可变性还要根据使用者的具体身份来确定。例如，车票对于每次上车购票的公共交通乘客来说，应该是可变成本，因为如果他不出行就没有这笔开销；但对购买月票的乘客来说，这却是每月的固定支出。又如，高速公路的保养和维护对其经营者而言大体上是一种固定成本，但对于使用收费道路的汽车驾驶员而言，却是根据行驶里程支付的变动费用。

因此，交通运输业的三种成本划分与运输变化的关系交织在一起，再加上运输经营者和使用者的多样化，使得运输成本分析具有较大的难度和挑战性。

二、交通运输成本的主要特征

交通运输业是特殊的部门，不生产有形的物质产品，在生产和组织管理上有着不同于工业的特点，因而交通运输成本与生产物质产品的工业生产部门的生产成本相比，具有以下几个特征：

（一）成本计算对象和单位不同

从成本计算对象和计算单位看，工业成本是对原材料进行加工后完成的产品成本，它是分产品品种、类别或某批产品来计算的。而交通运输企业不生产产品，只提供位移服务。比如，就铁路运输业而言，其服务是旅客和货物的位移，运输成本的计算对象是旅客和货物运输两大类服务。至于运输成本的计算单位，也不同于工业成本。虽然铁路运送的是旅客和货物，但是运输成本却不能只按运送的旅客人数和货物吨数来计算，而是采用运输数量和运输距离的复合计量单位，即按旅客人公里、货物吨公里或换算吨公里来计算。这是因为运输距离不同所消耗的费用也不同，只用旅客人数和货物吨数不能反映运输服务量和消耗水平。

（二）成本构成内容不同

从成本构成内容看，一般工业产品成本中构成产品实体的原材料消耗占较大比重。而运输企业不生产有形的物质产品，只提供运输服务，因而在其成本构成中，不像一般的工业产品生产那样消耗原材料，只消耗相当于原材料那部分流动资本的燃料、能源和动力等。运输成本中所发生的材料费用主要用于运输设备的运用、保养和修理方面，但相对来说，其所占比重不大。

交通运输业资本密集，固定设施成本巨大。这是因为交通运输业的发展需要大量的固定资本投入，耗费巨资购置运输设备，建设运输线路、港、站、枢纽等运输基础设施。在运输成本中，首先占比重最大的支出是固定资产折旧费，约占全部成本的一半；其次是燃料费和工资。这和工业产品的成本构成显然是不同的。

（三）成本计算类别不同

从成本计算类别看，工业企业要分别计算生产成本和销售成本，二者构成了产品的完全成本。在一般的生产性行业中，销售费用在其总成本中占有相当大的比重，有的甚至销售费用大于其生产费用。而运输服务不能脱离运输过程而单独存在，运输生产过程就是其提供运输服务的过程，其生产过程和销售过程是结合在一起的，即边生产边消费。

因此，运输成本没有生产成本和销售成本之分，也没有半成品与成品成本的区别，运输成本只计算它的完全成本，运输企业的生产成本就是其提供运输服务的成本。

（四）成本与产品数量关系不同

从成本与产品数量的关系看，工业生产过程中耗费的多少，与完成的产品数量直接相关。而运输服务则有所不同，尽管它的生产成果所完成的运量和周转量，其经济效益又体现在以吨（人）公里为计量单位的劳动消耗上，但其生产耗费的多少，主要取决于车、船、飞机运行距离的长短，而不是取决于完成周转量的多少。因为在运输服务过程中，车、船、飞机不可避免地有空驶情况存在，完成的周转量与实际的运输消耗不完全相同。如果有较大的空驶情况，虽然完成的周转量不多，但实际消耗依然很大。

第二节　交通运输价格及制订策略

在市场经济条件下，运输资源的合理配置和生产要素的有效组合，是通过运输价格机制的作用来实现的，并在国家宏观调控之下。运输价格是运输服务的价格，是商品销售价格的重要组成部分。与一般的商品价格相比，运输价格有着其自身的特点。

一、交通运输价格的基础知识

（一）交通运输价格的界定

每样商品和每种服务都具有价格。一切商品的价值用货币形态表现出来就是价格，即价格是价值的货币表现。在市场经济中，产品的供需对其价格起着重要的作用，因此需求、供给和市场就构成了价格研究中的核心内容，也就是价格决定中要考虑的重要因素。

"所谓运输价格，是指运输企业对特定货物或旅客所提供的运输服务的价格。"[1]

运输价格能有效地促进运输产业结构的优化配置。价格可以促进资源的合理配置、调节供求，这是价格最基本的功能。在商品经济运行中，商品交换是以买卖双方认可的交易价格进行的，价格调节消费者、生产者或经营者之间的利益。运输产业结构主要包括运输工具和其他与之相关的基础设施，如港口、码头、机场、车站以及航道、道路设施等。无论是国家对运输产业结构进行统一规划或是运输企业对其自行调整，运输价格的高低将会在其中起至关重要的作用。其中，运输企业对此尤为敏感。如果市场上运输价格上扬，运输企业认为有利可图，就会增加运输能力的投入；反之，则会减少运输能力的投入，甚至退出运输市场。

---

[1]　卢明银.运输经济学[M].徐州：中国矿业大学出版社，2016：108.

运输价格对运输产业结构的调整，其结果将有利于促进各种运输方式之间的合理分工。

运输价格能有效地调节各种运输方式的运输需求。对于消费者来说，价格的调节作用表现为在一定收入水平下，由于价格随供求变化上下波动，消费者会不断对自己的消费结构做出新的选择或调整。在价格提高时，消费需求一般会减少；而当价格下跌时，需求会上升。所以在总体运输能力基本不变的情况下，运输价格的变动会导致运输需求的改变。运输总需求的大小，一般取决于社会经济活动的总水平。运输价格的高低对其影响是有限的，而对某一种运输方式的需求调节是十分明显的。

一方面，运输价格在国民经济各部门收入分配中起重要的影响作用。由于商品中代表抽象社会必要劳动耗费的价值量难以准确计量，必须通过价格来体现，因此，价格必然具有充当社会劳动耗费的核算工具的职能。一个国家也要利用价格进行国民经济核算，而运输价格是运输企业借以计算和取得运输收入的根本依据，因此，运输价格的高低直接关系到运输企业的收入水平。另一方面，货物运输价格又是商品销售价格中的有机组成部分，它的高低也会影响其他生产部门的收入水平。因此，运输价格的调节作用，可以促使其他生产部门将生产要素投入到效益好的领域，从而达到资源的优化配置。

（二）交通运输价格的特征表现

交通运输价格（Transport Price），也简称为运价。和一般商品的价格相比，运价具有以下特征：

1.是一种服务价格

交通运输企业为社会提供的效用不是实物形态的产品，而是通过运输工具实现货物或旅客在空间位置的移动。在运输生产过程中，运输企业为货主或旅客提供了运输服务，运输价格就是运输服务价格。

服务产品与有形产品的最大区别是：服务产品是无形的，既不能储存，也不能调拨，只能满足一时一地发生的某种服务需求，运输企业产品的生产过程也是其产品的消费过程。因此，运输价格就是一种销售价格。同时，由于运输产品的不可储存性，因此当交通运输需求发生变化时，只能靠调整运输能力来达到运输供求的平衡。而在现实中，运输能力的调整一般具有滞后性，故运输价格因供求关系而产生波动的程度往往较一般有形商品要高一些。

2.货物运输价格是商品成本的组成部分

社会的生产过程不仅表现为劳动对象形态的改变，也包括劳动对象的空间转移，这样才能使物质产品从生产领域最终进入到消费领域。在很大程度上，商品的生产地在空间上是与消费者相隔离的，这就必须要经过运输才能满足消费者对商品的实际需要。

一般而言，商品包括生产过程、运输过程和销售过程。与此对应的，商品的总成本包括生产成本、运输成本、销售成本，而商品的运输成本就是商品作为货物的货物运输价格，货物运输价格是商品总成本的组成部分。货物运价在商品总成本中的比率主要根据商品本身的单位重量价值的高低来决定。比如，南非生产的钻石运到中国销售，其运输成本在其总价值中就只占很小的比例；而巴西的矿石运到中国市场销售，其运输成本在矿石总价值中所占的比例就比较大。在外贸进、出口货物中，班轮货物的运价与商品价格的比率为1%~30%；大宗廉价货物的运价与商品价格的比率可达30%~50%。由此可见，货物运价会直接影响商品的销售价格。

3.根据运输距离的不同而有差别

运输产品的计量单位是复合单位——吨/公里或人/公里，既有重量，又有距离。货物运输或旅客运输按不同运输距离规定不同的价格，称为"距离运价"或"里程运价"。这是因为运输产品即运输对象的空间位置移动是以周转量来衡量的，货物周转量以吨公里为计量单位，而旅客周转量则以人/公里为计量单位。因此，运价不仅要反映所运货物或旅客数量的多少，还要体现运输距离的远近。运价以"元/吨公里"表示，叫作吨公里运价率。

同种货物的每吨公里运价因运输距离的不同而有所差别，甚至差别较大。因为不同运距的货物运输成本不同，总的趋势是运输成本随运输距离的延长而逐渐降低，即运输成本的递远递减。但是，差别运价率的制定，其递远递减程度、递远递减的终止里程。除了考虑不同运输成本因素外，还要考虑市场供需的影响，有时还要考虑政府的运价管理政策的制约。

一般运价率随运距的延长而不断降低，在近距离降低得快，在远距离降低得慢，超过一定距离后可不再降低。运价率的变化，会因运输方式不同而有差别。一般来讲，铁路运输、水路运输的运价率变化很明显，而公路运输的运价率变化则较小。

4.根据运输线路的不同而有差别

货物运输或旅客运输按不同运输线路规定不同的运价，称为"航线运价"或"线路运价"。采用此种运价是基于运输生产的地域性特点，运输工具在不同航线（或线路）上行驶，因自然条件、地理位置等不同而有显著差别。由于运输条件各不相同，即使货运（或客运）周转量相同，运输企业付出的劳务量相差很大。因此，有必要按不同航线或线路采用不同的运价。目前，这种运价同样广泛地应用于远洋运输和航空运输中。

5.具有比较复杂的比价关系

货物运输或旅客运输，可采用不同的运输方式或运输工具加以实现，因此最终达到的效果也各不相同，具体表现为所运货物的种类、旅客舱位等级、运载数量大小、距离、方向、时间、速度等都会有所差别。而这些差别均会影响到运输成本和供求关系，在价格上必然也会有相应的反映。

例如，甲、乙两地之间的旅客运输可供选择的运输方式为铁路运输和水路运输，而铁路运输硬席卧铺的舒适程度与水路运输三等舱位相仿，但由于前者运输速度快于后者，因此，在一般情况下铁路运输票价会高于水路运输。若水路运输票价高于铁路运输，旅客都不会选择水路运输，会造成铁路运输紧张而水运空闲。如果水运因运输成本高而无法降价以争取客源，就最终只能退出该航线的运输。目前，我国沿海众多客运航线被迫停航就是这样一个例子。

（三）交通运输价格的功能及分类

1.交通运输价格的功能

运输业是国民经济的基础设施，运输过程是社会产品生产过程的继续，运输费用是产品价值的构成部分，因此运价体系及运价水平的合理与否，对于国民经济以及人民的生活具有直接的影响。除了起价格的一般作用以外，合理的运价体系及运价水平可以发挥这样一些经济功能。

第一，有利于促进国民经济的发展。运价对国民经济发展的促进作用主要表现在：一方面，运输起着国民经济各部门、各地区以及城乡之间经济活动的"纽带""大动脉"的作用，合理的运价可以从经济上保证这种作用的发挥；另一方面，合理的运价对整个运输事业的发展起着积极的作用，可以在经济上刺激运输企业改善经营管理，降低运输成本，提高运输服务水平，不断适应并满足国民经济对货物运输的需要，以达到发展国民经济、提高人民生活的目的。

第二，有利于促进工农业生产合理的布局。货物运费是产品价格的重要组成部分，产品生产地点距离原材料产地及销售市场的远近，对产品价格中运输费用所占的比重有很大影响。因此，正确安排同一生产系列的原料、燃料、制成品的运价比例关系，正确确定各种货物运价率在里程上的变化，有利于资源的开发和利用，有利于工农业、商业地点的合理布局。

第三，有利于组织合理运输。一般认为合理运输是运输组织工作的基本原则，消除过远、过近等不合理运输，是节省运输劳动、挖掘运输潜力的极其重要的环节。因此，运价实行有差别的递远递减制，即各种货物按不同运输距离规定差价，并对某些主要大宗货物，根据它们的产销联系条件，分别规定运价递减终止里程，以资鼓励和限制。

第四，有利于促进各种运输方式间的合理分工。我国目前运输能力短缺，因此运输任务在各种运输方式间的合理分配具有非常重要的意义。正确制定各种运输方式间的比例关系，有利于运量在各种运输方式间的合理分配，充分利用现有运输能力，以发挥最大的效用。

第五，有利于提高运输工具的使用效率。运价也是从经济上影响货物托运者关心合理使用运输工具、提高其使用效率的手段。合理的运价有利于充分利用现有的运输能力，完成尽量多的运输任务。比如，为了达到改善车船利用，充分利用运输工具的实载能力，可以对重质货物和轻质货物规定不同的运价。

2.交通运输价格的分类

运价根据不同的分析角度，有以下几种划分方法：

按运输对象划分，可以分为客运运价（或票价）、货物运价和行李包裹运价。

按运输方式划分，可以分为铁路运价、公路运价、水运运价（包括长江运价、地方内河运价、沿海海运运价和远洋运价）、航空运价、管道运价以及当货物或旅客位移是由几种运输方式联合完成时在各种运输方式运价基础上形成的联运运价。

按运价适用的地区划分，可以分为适用于国际运输线路、航线的国际运价，适用于国内旅客和货物运输的国内运价和适用于某一地区的地方运价。

按运价适用的范围划分；可以分为普通运价、特定运价和优待运价等。普通运价是运价的基本形式，如铁路有适用于全国正式营业线路的全国各地统一运价，其他运输方式也有普通运价这种形式。特定运价是普通运价的补充形式，适用于一定货物、一定车型、一定地区、一定线路和航线等。优待运价属于优待减价性质，如客票中有减价的小孩票、学生票，也有季节性的优惠票。货运优待运价适用于某些部门或有专门用途的货物，以及适用于回空方向运输的货物等。

按照货物托运数量划分；可以分为整车运价、零担运价和集装箱运价。整车运价适用于一批重量、体积或形状需要以一辆货车装载，按整车托运的货物。通常有两种计费形式：一种是按吨计费，另一种是按车计费。大多数国家采用按吨计费，也有一些国家采用按车计费；零担运价适用于批量不够整车条件而按零担托运的货物，它也是铁路运输和公路运输普遍采用的运价形式。一般来说，由于零担货物批量小、到站分散、货物种类繁多、在运输中需要比整车花费较多的支出，所以同一品名的零担运价要比整车运价高得多。集装箱运价适用于使用集装箱运送的货物。各种运输方式对于集装箱运价都有不同的规定。集装箱运价一般有两种形式：一种是单独制定的集装箱运价；另一种是以整车或零担为基础计算的运价。一般来说，集装箱运价按低于零担、高于整车运价的原则来制定。

（四）交通运输价格的组成形式

根据运价的不同组成形式及其各组成部分相互的比例，运价有不同的确定原理和结构。其主要可以分为里程式运价结构、货种差别运价结构、客运级别运价结构、邮票式运价结构、基点式运价结构和区域共同运价结构等，其中里程式运价结构和差别运价结构是基础，其他各类运输价格主要是以这两种结构形式为基础形成的。

1.里程式运价结构

里程式运价结构是指基于运输距离的远近而确定运价的一种定价形式，可以分为平均里程定价和递远递减定价，这是最简单、最基本的运价结构形式。平均里程定价是按距离的远近平均计算单位运输价格；递远递减定价是根据一定范围内运输距离越远、单位运输价格越低的原则确定运价的。

铁路运输、水路运输、民航运输大都采用递远递减运价。因为运输成本的变化是递远递减的，即单位运输成本是随着运输距离的延长而逐渐降低的。运输支出按三项作业过程可以分为发到作业支出、中转作业支出和运行作业支出。运输距离增加，虽然运输总支出会随着增加，但是其中成比例增加的只是与运行作业有关的支出，而始发终到作业支出和中转作业支出是不变的。因此，随着运输距离的延长，分摊到单位运输成本中的始发终到和中转作业费用降低，单位运输成本也随之降低。

2.货种差别运价结构

货种差别运价结构是指不同种类的货物适用高低不同的运价。不同种类的货物运输成本是有差别的。因此，在制定运价时，要根据不同类别的货物制定相应的运价，按货种类别的差别运价是通过货物分类和确定级差来体现的。在我国现行的运价制度中，铁路运输采用分号制，水路运输和公路运输采用分级制，即将货物运价分成若干号或若干级别，每个运价号或级别都规定一个基本运价率，各种货物根据其运输成本和国家政策的要求，分别纳入适当的运价号或运价级别中去。

影响各种货物运输成本的主要因素如下：

（1）各种货物的性质和状态不同，需要使用不同类型的车辆或货舱装载，如散堆装货物使用敞车或砂石车装载，贵重品、怕湿货物和危险品需用棚车装载，石油、液体货物需用罐车装载，易腐货物需用冷藏车装载，某些货物需用专用车装载等。而各种车辆的自重、造价、修理费和折旧费不同，车辆的代用程度也不同，从而对运输成本有不同的影响。

（2）各种货物的比重和包装状态不同，对货车载重量的利用程度不同。重质货物在整车运送时可以达到货车标记载重量；而轻质货物单位体积的重量低，占用车辆容积大，不能充分利用车辆载重量，而且同种轻质货物对车辆载重量的利用程度还因包装状态和包装方法而有差别。因此，完成同等周转量的不同货物所占用的运输能力和所花费的支出可能不相等。

（3）货物性质和所使用的车辆类型不同，装卸作业的难易程度不同，车辆停留时间长短不一，以及货流的集中程度对运输成本也有影响，如煤炭、矿石、沙石料等大宗货物发送和到达比较集中，便于组织运输。有些货物不仅需要特殊的车辆，而且需要提供特殊的装卸设施，这都会使运输成本提高。

3.客运差别运价结构

客运差别运价结构是指同一运输方式内提供不同级别的客运服务，客运定价按照客运级别的不同而不同。不同级别的客运服务所需要的设备、设施、占用的运输能力及消耗的运输成本是有很大差别的。例如，客船上的一、二等舱与四、五等舱之间，飞机上的头等舱与经济舱之间，火车上的软卧包厢与硬座车厢之间，普通客车与高速列车之间，其设施设备有很大差别，服务标准、旅客的舒适程度和旅行速度也不同。客运运价应该根据运输成本、速度、舒适度等的不同而有所差别。

4.邮票式运价结构

邮票式运价结构是指在一定的区域范围内，运费就像邮信贴邮票那样，不论距离的长短，都采用同样的运价。邮件及某些货物的运输、大部分的包裹快递、单一票制的公共交通等，都采用这种运价结构。

5.基点式运价结构

基点式运价结构是把某一到达站作为基点，并制定基点运价，运费总额是从发送站到基点站的运费再加从基点到终点站的运费。基点式运价结构是里程式运价结构的变形，它往往是不同运输方式或运输线路之间竞争的结果。

6.区域共同运价结构

区域共同运价结构将某一区域内的所有发送站或到达站集合成组，所有在一个组内的各点都适用同一运价，而在不同区域之间，则采用不同的运价。区域共同运价结构是里程式运价结构与邮票式运价结构相结合的产物，也称为成组运价结构。也就是说，在每一个细分区域内部均采用邮票式运价结构，而在不同区域之间，则采用里程式运价结构。远洋运输中航区运价，即为区域共同运价。

二、交通运输价格制定的理论指导

下面简要介绍几种运价领域中常被用来解释运价形成的原理，以及在一定程度上指导运价制定工作的理论。

（一）劳动价值理论

这种价格理论的渊源，是以李嘉图和马克思的劳动价值论为基础的关于价格形成的论述。该理论认为，价值规律是商品生产的经济规律，社会必要劳动时间决定商品的价值量。根据价值规律的要求，商品的价格必须以价值为基础，商品的交易则是以等量价值为基础来进行的。

运输价格是运输价值的货币表现，运输价值是物化在运输产品的社会劳动，是运输劳动者在实现商品位移过程中所耗费的物化劳动与活劳动的总和。运输价值也像一切产品价值一样由以下三部分构成，即在运输过程中转移的物化劳动价值（C）、运输生产者为自己劳动创造的价值（V）、运输生产者为社会劳动所创造的价值（M），其中C+V是生产运输产品的必要劳动消耗，被称为运输产品的成本。

运输价值是运输价格的基础，是指运价总是以运输产品上凝结着要在交换中取得补偿的抽象人类劳动这一社会关系为基础，运价始终围绕运输价值上下波动。

由于运输产品的价值量，即单位运输产品的社会必要劳动消耗在实际中难以准确确定，因此往往只能采用间接的方法代替。一般是首先计算运输产品的必要劳动消耗，即运输成本，并在运输成本的基础上加成一部分利润，以制定运价。

采用成本加成本利润率来制定运价，方法简便，但其缺陷也是明显的。成本越大，利润越高，进而造成为追求高利润而乱增成本，导致运价严重背离运输价值。按照劳动价值理论，在市场经济条件下，以市场来优化资源的结果必然使得各部门的利润率趋于平均化，于是价值就转化为生产价格，而价格的形成以资金盈利率为基础。

（二）均衡价格理论

西方经济学家认为，在市场经济中需求和供给决定市场价格，因此在西方国家的运输产品定价中，把需求因素置于非常重要的地位。下面通过分析运输产品的需求价格与供给价格来说明运输价格是如何被决定的。

运输产品的需求价格，是指货主对于运输一定数量的货物所愿支付的运价，它是由这一数量的运输货物对于货主的边际效用所决定的。效用是在商品和劳务价格以及收入既定的情况下，消费者根据自身的偏好作出购买决定。效用的意义是指满足欲望的功效，它是人们需要的一切商品所共有的一种特性。人们对于商品的需求，数量增加，总效用也增加，但总效用按递减的比率增加，即边际效用是递减的，而这个边际效用决定了需求价格。在运输产品中，由于边际效用的递减规律，使得运输商品需求价格也呈递减的趋势，即对于货主来说，当货主运送货物越多，在其他条件不变的情况下，他对每次多运的货物而愿意支付的运费愈低。也就是说，运输需求价格由于边际效用递减规律的作用，是随着运量的增加而递减的。运输需求量与运价成反比例关系，即运价越低，需求量越大；运价越高，需求量越小。这一规律也称需求规律，它可以用需求曲线反映。

运输产品的供给价格是指提供一定运输服务的运输者所愿意接受的价格，它是由运输服务中所付出的边际生产费用决定的，运输产品的边际生产费用就是运输产品的供给价格。运输的供给量，随着运价的提高而增加，随着运价的下降而减少，这是报酬递减规律作用的结果。因为在报酬递减条件下，要增加运输供给就必须付出更大的成本，从而使得运价上升。

对于运输业来说，短期内运输设备及运输能力增长有限，运输企业只能够通过内部挖潜来使供给增加，所以这种增长是有限的。但从长期来看，运输企业可根据需求调节运输供给，运输企业通过新建、扩建运输线路、运输设备，可以提高运输供给，即供给弹性在长期内比短期内大。

均衡价格理论是以假定完全竞争市场为前提的。这里的完全竞争市场的存在必须满足以下几个条件：第一，市场上有大量的买者和卖者，任何一个卖者或买者都不单独影响这种商品的价格，该商品的市场价格是由整个市场的供求决定的；第二，同一产品都是同质的；第三，各种生产要素可以自由流动，厂商可以自由进入或退出某一行业；第四，市场信息是完全畅通的。

在一个市场中，如果没有外来因素的干扰，一切处于竞争状态，则需求与供给相互作用的结果，将达到一个市场均衡，此时需求量正好等于供给量，需求曲线与供给曲线相交，交点价格即为均衡价格。在这个价格水平上，生产是最优的，价格是最优的，效益是最优的。实际上由于各种因素的存在，如政府的干预、垄断的存在、短缺在近期内无法解决等，使得供需不可能达到永久的平衡，多数情况下是围绕着均衡价格上下波动的，当价格偏离均衡价格太远时，就会出现剩余或短缺。

（三）从价理论

从价理论，也称为"货物对运费的负担能力理论"，是指以运货物本身的价值高低为基础确定的运输价格。从价理论实质上是在货物运输供求双方进行价格竞争的条件下，按需求弹座高低来确定货物运价的一种转化模式。在一般情况下，本身价值较高的货物，其运输需求对运价的弹性较小，也即弹性系数小于

1，此时可提高货运价格。这是因为此时若提高运价，运输收入会相应提高。因为运输需求量的下降比率小于运价提高的比率，而运输收入为货运价格与运输量之乘积，其结果对运输企业有利。同样，本身价值较低的货物，其需求对价格的弹性较大，也即弹性系数大于1，此时应降低货运价格。由于需求量提高的比率大于价格下降的比率，其结果使运输收入得到提高，即使有时因对低价值货物的运价定得过低而造成损失，也可从高价值货物的运输收入中得到补偿。正因为这样，从价理论在国际海运中至今仍有较高的应用价值。

按从价理论定价，运输企业存在着一个对货运价格的具体选择问题。其基本原则应该是：在考虑各种货物运输需求量的前提下，运输企业应选择货主能提供最多抵偿固定费用的货物运价。

事实上，高价值货物实行高运价是有一定限度的，其主要原因有两个：

（1）本身价值较高的货物往往是各种运输方式争夺的对象，因此运输需求交叉弹性较高，这样就牵制了货物运价的过高波动。

（2）货主对货物运价具有一定范围的承受能力，即货物运价不能高于所运货物销售地与生产地价格之差，否则货主会因销售商品不能获利，甚至亏本而放弃运输。

（四）厂商理论

厂商理论运用于运输市场，主要是从运输企业立场分析在市场条件下如何制定运价。

厂商理论中，最重要的是成本函数的确定。这里用简单的成本函数来说明运输成本与运量之间的关系，其目的是通过分析运量的变动而引起成本变动，进而为定价决策提供依据。完全成本是按照规定的会计制度和成本计算制度，核算运输生产过程中的一切耗费，是完整的全部成本。这里必须注意一点，即西方经济学的完全成本往往是包括正常利润在内的成本。边际成本是当企业的产量增加一个单位时，其总成本的增量。举例说明，假设某运输企业每月的运输周转量为1000万吨千米时，运输总成本为50万元，单位成本为0.05元/吨千米，当周转量增至1100万吨千米时，总成本增加了4万，达到54万元，平均单位成本为0.049元/吨千米，而新增周转量的单位成本为0.04元/吨千米，那么0.04元/吨千米就是边际成本。下面举一个运输市场上按边际成本定价的例子：一架未满载的客机即将离开登机口准备起飞，这时候增加一名旅客的边际成本几乎等于零，因此很多航空公司都在提前预订机票的同时，在机场实行价格非常优惠的临时机会机票，以便尽可能地增加收入。在西方定价中，普遍以边际成本作为基础，并认为当边际收入等于边际成本时，企业的利润最大。在实际应用中，由于边际成本不容易计算，所以一般用变动成本来代替。

完全成本可以分为固定成本和变动成本，运输成本中随着运量增加的部分，称为变动成本；有些成本与运量的关系不大，即使运量很小时也会发生，称为固定成本。当然，变动成本与固定成本的划分并非绝对。一般来说，一些在短期内不随运量变动的费用，从较长时期看，也会由于运量的增长而增加。所谓短期和长期，严格来说，它们应该是一组条件，而不是一段时间，但是我们几乎还是不可能把时间观念排斥在短期或长期分析之外。

在短期内，生产者的一部分支出是固定的，即不论生产或者不生产，不论生产的多一点或少一点，这部分支出基本不变。企业可以改变其他的支出来扩大或缩小产量。在一个较长的时期内，原先固定的那些支出也会随着产量的变化而发生变化。在短期分析中，最简单的运量–成本关系常做这样的假设：平均变动成本是固定不变的，总变动成本随着运量呈正比例递增。总固定成本在任何运量下都保持不变，而运量越大，其单位产品的固定成本就越小。单位完全成本等于单位固定成本与单位变动成本之和。因为当平均变动成本不变时，就等于边际成本，所以西方一些运输企业边际成本的定价法实际上是以短期平均成本为基础的。

在一定的运量范围内，平均变动成本是不变的，是一条直线，边际成本也是一条直线。但在实际情况中并非如此，因为单位变动成本并不是一个固定的常数，对应于不同的运量，它会出现差异。在运量由很小开始增加的阶段，由于对燃料动力和设备利用效率的提高，以及劳动生产率的提高，单位产品的变动成本会有所下降。当运量接近正常水平时，单位变动成本逐渐稳定下来；当运量超过运输的正常生产水平，特别是超过很多时间，单位变动成本又会增加。

对于长期成本来说，一切都是可变的；而对于短期成本曲线来说，运量不可能无限增加，而是一直保持成本不断下降的势头。当运量的增长受到运输能力限制时，短期成本会迅速上升，此时必须投入新的固定要素，以形成扩大的生产能力，这时候，总固定成本和单位固定成本都会发生很大变化，从而又形成一条短期成本曲线。当分析期较长时，会形成若干条短期成本曲线，沿这些曲线作一条包络曲线相切于每一条短期曲线，就得到长期成本曲线。

了解短期成本曲线与长期成本曲线，对于运输企业在不同情况下的定价是非常有用的。下面先讨论纯粹竞争中的短期价格，这里需要事先限定三个条件：①行业中的纯粹竞争是指在两地之间至少有两个运输企业或两种以上运输方式；②运输企业是运价的接受者，即运输企业无力左右而只能接受市场上的竞争价格；③边际收益等于运价。

（五）拥挤价格理论

运输的需求是波动的，有高峰与低谷之分，会随着不同的时间、季节、旅客及货物的需求变化而变化。运输服务是一种时效性产品，不能储备，不能库存，因而需求量变动的影响是极其直接的。对于运输提供者来说，基础的固定设备和生产能力在相当长的时期内是固定不变的，供给能力很难与经常变动着的需求保持平衡，这样在交通高峰期出现交通拥挤就是自然的。但是，交通运输具有公共职能，如何满足高峰时期的需求是运输行业必须考虑的重要问题。

拥挤价格理论就是采用经济的办法来解决交通拥挤问题，即征收"拥挤税"。这种拥挤收入作为政府的财源，可用到道路扩充、增设、强化交通机构和交通补助等方面。

（六）拉姆塞价格理论

拉姆赛价格理论是拉姆赛于1927年提出来的一种价格理论。它的指导思想是既考虑企业收支平衡，又要尽可能地实现资源分配最优化，它是围绕边际费用价格理论提出的改善措施。

众所周知，边际费用不包含固定费用，是导致企业亏损的主要原因。为了收回固定费用，必须制定高于边际费用的价格，这样在价格与边际费用之间就形成一个价格差。这个价格差控制在什么幅度内，才能使消费者剩余的减少最小化，是拉姆赛价格理论关注的核心问题。

需求与价格之间的敏感性有大有小，拉姆赛指出价格差（即价格与边际费用的背离）应当与需求价格弹性呈反方向。也就是说，对需求价格弹性大的需求制定与边际费用背离幅度小的价格，对需求价格弹性小的需求制定与边际费用背离幅度大的价格。这样做的好处是对价格弹性大的需求缩小价格差，可以相对地减少需求量的下降，对价格弹性小的需求加大价格差又不至于引起需求量的大幅度减少。这就比不考虑价格弹性而制定的背离程度相同的价格来说，可以从总体上减少需求量的下降。由于需求量的减少幅度最小，因而消费者剩余的减少也就是最小的，可获得比较理想的效果。

从根据需求价格弹性来决定价格与边际费用背离程度上讲，拉姆赛价格是一种垄断性的差别价格。利用该理论可以决定拥挤税的税率，即当高峰期价格弹性小时征收与边界费用背离幅度大的高税率；当闲散期价格低时，征收与边界费用背离幅度小的低税率。但是，这种理论如果用到公共交通工具的乘客身上，对通勤高峰期的大众乘客征收高税率，很可能引起公众的不满和反对。如果通勤交通费用由企业负担，情况就不一样了。

（七）政府经济运价政策

任何地区都会经历不同的经济发展阶段，西方一些学者主张在不同的阶段采取不同的运价对策以促进地区发展。

地区开发一般都会经历这样的过程：在初始阶段，主要依靠开发自己的自然资源并输出原料，生产农产品、畜产品、林产品、矿产品或水产品等，这些产品的剩余部分则按未加工或半加工形态销售到地区以外，制成品则从外地输入；在第二阶段，即开始工业化时期，区内工厂已经能对当地自然资源进行较深加丁，但该地区要的大多数制成品仍需从其他地区购入；在第三阶段，即工业化较成熟阶段，该地区变为食品和原料的输入者，并将外来原料制造为成品用以输出销售或在当地消费；在第四阶段，地区原有的自然资源已大部分消耗，而其部分制造品的外地市场却遇到其他地区的有力竞争者，而该地区在这个阶段仍可保持一定繁荣，但如果它不发展新的、富有活力的经济活动，就要逐渐衰落。这里假设其他情况不变，只分析在不同阶段应采取怎样的运价对策。

当该地区处于上述第一个阶段时，显然低廉的输入输出运价对地区发展有利。因为这将有利于鼓励地区资源的开发，同时提高人们的就业和收入水平，由于输入制成品的低运价会使物价降低，同时也可以减少人们的消费支出。

当经济发展进入第二阶段，即开始工业化时期，则应采用不同的运价政策，提高运价水平。其原因是较高的成品输入运价会导致较高的制成品价格，这将刺激当地的制造工业，同时保护本地区新生的制造业使其免遭外地竞争者的冲击；而较高的原料运价又会对原料输出产生抑制，以鼓励在当地使用这些原料进行加工制造。

一旦地区经济达到较成熟阶段，又再次需要制订较低的输入和输出运价。这能使该地区便于输入其必需的食品和原料，并按低价格输出其制成品。在第三阶段，制造和输出活动已占该地区经济的主要地位，对外地竞争者已有相当抗御能力。

在进入发展的第四阶段以后，地区应该对不能自给的原料及食品制订较低的输入运价，对制成品输入的较高运价则可以帮助本地制造商保有本地市场；因为不再输出农产品和原料，因此这些输出运价不再重要，但制成品的较低输出运价则可以帮助本地区效率较高的制造业至少在一个时期内继续保持外地市场。

这些经济学家认为，运价水平对地区经济发展的影响只是有限的，但如果能有意识地制定积极的运价政策，它也可能成为实现地区发展目标或改善经济状况的一种手段。

三、交通运输价格制定策略

（一）平均成本与边际成本定价

1.平均成本定价

平均成本定价理论是指在运量一定的情况下，运价总收入必须足以支付运输业务的一切开支，所以运输平均成本是运价的最低极限。运输总收入在支付运输平均成本后，一般还应提供足以吸引投资的必要利润。平均成本定价，也称平均成本加成定价，它是以某种运输方式正常营运时的平均单位成本为基础，再加上一定比例的利润和税金而形成的运价。

实际上，平均成本并不是静态不变的，它随着运输量的变化而变化。因此，从动态的角度来说，平均成本定价法是根据单位运量平均成本的变化，确定在不同运输量条件下运输服务价格的方法。在平均成本4C构成中，单位运量可变成本在一定时间、一定生产技术组织条件下不随运量变化，单位运量固定成本随运量的增加呈下降趋势。

平均成本定价法的优点是考虑了运输业的全部劳动消耗，且简单易行。一般适合于运输需求充足、竞争不太激烈、货源比较稳定的运输线路或运输方式。

但在竞争激烈的市场下具有明显的缺点，因为平均成本定价考虑了固定成本的因素。固定成本在经济决策中属于沉没成本，一般后续决策基本不考虑沉没成本的影响，否则会失去对企业有利可图的价格策略。

2.边际成本定价

边际成本定价，又称边际贡献定价法，是企业寻求和确定边际成本略低于边际效益时的最后一个增量，以找出最有利可图的运量和运价的定价方法。

边际成本定价，实际上是一种社会福利最大化定价。社会福利是指消费者剩余加上企业总收益。交通运输具有一定的社会公益性，特别是像城市公共交通，需要为城市居民提供基本的出行服务，如果按照平均成本定价，均衡点是企业利润的最大化，并非社会福利的最大化。

（二）歧视定价与收益管理定价

1.歧视定价

歧视定价（Discrimination Pricing），指的是一家企业在出售一样的产品或服务时，对不同顾客索取不同价格的现象。有时，歧视定价是指对成本不同的产品制定同样的价格，更多的歧视价格是指成本基本相同而价格不同，其目的都是为了增加企业的总利润。

（1）歧视定价的必要条件

实现歧视定价需要满足以下三个条件：①企业对价格至少有一定的控制能力，即垄断能力，而不是只能被动地接受既定的市场价格。②企业能够根据价格弹性把企业的产品市场划分为几个不同的市场，即企业必须能够分清应该向谁索取高价及向谁索取低价。③企业的市场必须是能分割的，即企业必须能够阻止可以支付高价的顾客以低价购买商品。

满足以上这三个条件，企业就能实施歧视价格，并从中谋取到更大的利益。

（2）歧视定价的类型

歧视定价可采取许多形式，但通常分为三类，它们的共同点是企业尽可能将本属于消费者的部分消费者剩余据为己有，因为消费者剩余是消费者根据自己对物品效用的评价所愿意支付的价格和实际价格的差额，统一定价时总会存在消费者剩余，而歧视定价则是尽量使实际价格接近消费者所愿意支付的价格。

其一，一度歧视价格。一度歧视价格是指为每单位产品或服务索取最高可能的价格。一度歧视价格是歧视价格最极端的形式，也是企业最能营利的一种定价方法。由于每个单位的产品或服务都被索取了最高价格，因此，所有的消费者剩余都被攫取了。

一度歧视价格并不常见，因为它要求卖者十分了解市场需求曲线。与一度歧视价格比较接近的可能是某些城市私车牌照拍卖制度，管理部门要求每一个可能的买者进行投标，凡超过最低标价的投标都被接受，投标人有义务按投标的报价购买车牌。通过这一过程，就有可能向每个准车主索取他愿意支付的最高价格。

其二，二度歧视价格。二度歧视价格是一度歧视价格的不完全形式，它不是为每单位产品或服务制定不同价格，而是根据单个消费者购买的数量大小来定价，每个购买相同数量的消费者支付的价格相同。

二度歧视价格的一种表现形式是批发价格与零售价格的区别，或者团购价格与个别价格的区别。另外，如一些铁路旅客票价的单位里程运价随乘车总里程的不同而发生变化，乘车总里程越长，单位里程的旅客票价越便宜。又如，某些城市公交采用月票制和季票制，通常季票比月票更"划算"，因为这样可以鼓励消费者购买更多的产品。

其三，三度歧视价格。三度歧视价格最为常见，它要求按需求价格弹性的不同来划分顾客或市场，这种划分可以根据市场的不同地理位置来定，也可以根据用户的特征来定。与拉姆齐定价法相似，三度歧视价格也是对需求弹性较小的顾客或市场制定较高的价格，而对需求弹性较大的顾客或市场制定较低的价格。例如，航空业通过对商务出行和旅游出行的乘客提供不同价格的机票来分割市场，这使得它们无须牺牲收入就可以为航班吸引到足够的乘客。

有时候，歧视价格不仅体现在成本或价格上，在服务质量上也有所体现。一家公司常常会降低其顶级产品或服务的级别来生产性能较差的产品或提供质量较差的服务，这样它就可以较低的价格出售这些产品，从而赢得低端的市场。例如，通过加入特殊的芯片，某公司让其激光打印机的速度从每分钟200页降低到每分钟10页，从而可以用较低的价格出售这种产品，同时并不会影响到顶级产品的销售。

2.收益管理定价

收益管理定价是一种在既定运力下，从预定的运输服务班次中获得超过成本的收益的管理能力，是航空运输及其他运输市场中的重要定价方式。例如，可能有部分乘客希望在较晚的时间预订机票，但剩余的座位是有限的。因此，航空公司会提高价格以将这些座位卖给出价最高的乘客。这与价格歧视不同，因为供给者的目的不是为了获得所有的消费者剩余，而是为了收回成本，并能使那些能够从服务中获益最多的人可以得到它。

航空公司一般都有动态收益管理系统，通过电脑订票系统能够调整指定航班的票价、各种票价的座位数量和各票价预定的先决条件。这些先决条件（加上飞机内的头等舱、商务舱和经济舱在内的一些相对较小的质量差异）把产品差异化引入了管理中，向许多方面非常相似的服务收取不同的票价，体现了价格歧视。航空公司提供的多种服务组合以及在起飞前进行的调整，都是确保从预定航班中收回成本并有效分配座位的手段。

尽管本质上收益管理定价与歧视定价的理论基础是一致的，但这种手段和歧视定价还是有所不同的。后者对同一产品向不同的顾客群（以他们的价格弹性区分）收取不同的价格以获得最大的收益，在歧视定价中，服务每个顾客的成本是完全一样的。但在收益管理中，产品质量或其他方面通常存在差异，使得提供服务时存在成本差异。另外，收益管理定价要重点考虑边际成本或增量成本问题。收益管理是一种资源分配机制，而价格歧视则是一种销售收益最大化的手段。将两者进行区分在现实中是非常困难的。

（三）高峰负荷与负担能力定价

1.高峰负荷定价

大多数运输形式，无论是货运还是客运，对其服务的需求都有高峰，而且这种高峰是有规律的。这种运输需求在时间和空间上的不平衡性导致了运输服务定价的困难。城市公共交通在每个工作日的早晨和傍晚的繁忙时刻都会经历需求高峰，城市货物运输也有需求高峰以适应顾客的要求和经营习惯；而在一周之内，周末和工作日之间的需求水平有明显的差异。一年之中，航空运输、公路运输和铁路运输在夏季的几个月和春节等公共节假日期间经历假日交通需求高峰。在更长的时期里，随着世界经济繁荣和衰落的交替，船运需求也出现周期性的变化。

从空间的角度来看，运输业者往往需要运载工具在完成运输业务后回到起始时的位置，而实际的运输业务都往往是单程的。货物一般不会再由原车载回，旅客一般需要返回其旅行的原起始地，但却存在一个时间差，上下班通勤往返时段客流的主要方向是相反的。此类运输需求在方向上的不平衡，会引起如何在满载方向与回程方向分配运输成本的问题，也就是联合成本问题。在所有的这些情况下，如何确定一种价格模式，以保证运输设施得到最优的利用是非常重要的。

高峰定价的基本原理是供给者成本的主要部分应当由需求最大的消费者来承担，即高峰时期或地区的用户应当支付运输费用的大部分，而非高峰用户只要求支付变动成本。由于多个承运人会竞相压低运价以承揽那些数量有限的回程货物，因此回程运价只能定得很低。

2.负担能力定价

运输活动的效用就是将一定量的货物或旅客由A地运到B地，因而在运输企业定价时要考虑这种效用，尤其是在货物运输市场，运输企业为了制定运价，要以货物的运输负担能力来衡量运输活动的效用。这里所讲的货物负担能力，是指货物在运输服务起讫点上的价格差别大小。货物在运输服务起讫点上的价格差别是两地间该货物运价的最高限度，超过了这一限度，货物便不值得运输。以货物的负担能力为依据，对高价格差别的货物制定高运价，对低价格差别的货物制定低运价。其根据主要是考虑高价格差别的货物对运价的负担能力较强。

另外，货物自身价值的高低对运价也有显著的影响。由于货物自身价值较高，运费虽高，但它在商品价值总量中所占的比重往往比低价值商品中运价所占的比重要低，其承受能力也高，因而即使制定高运价，货物也可以运输。而低价值货物由于自身的价值较低，对运价的承受能力也较弱，因此只能制定低运价。此外，运送高价值的货物，托运人对运输条件的要求较高、承运人所承担的风险较大也是一个原因。

按负担能力定价，是运输企业通用的一种定价方法，但这并无严格的科学依据。另外，也有人认为按负担能力定价实际上是使低价值商品享受了高价值商品的补贴，这对于货主来说是不公平的。

（四）互不补贴与次优定价

1.互不补贴定价

几乎所有的交通运输基础设施都是由很多使用者共同利用的。载货汽车和小汽车共同使用公路，客机和货机共同使用机场，客运列车和货运列车共同使用铁路，而货运列车上又装载着不同货主的货物等。这就涉及交通运输基础设施的成本如何分摊的问题，也就是共同成本问题，从而涉及到互不补贴定价原理。

互不补贴定价源于这样一个原则：交通运输设施的所有使用者作为一个整体，应该补偿该设施的全部成本；同时，在所有使用者的整体内部，也不存在一部分群体比另一部分群体支付过多的情况。

互不补贴定价要求对运输设施成本进行精确的分摊。为了有效地分摊运输固定设施成本，需要找出引起成本的使用者。如果某项运输的取消会导致有关的运输设施成本发生变化，那么该变化的费用就是由这项运输的使用者所引起的。互不补贴定价的另一层含义是，任何一个使用者群体都不能通过取消其他使用者而使自己对运输系统的利用变得更好，即不存在交叉补贴。

互不补贴定价的基础是要对共同使用基础设施所导致的成本进行准确的划分，并能找到对应的使用者。而在现实情况下，这样的准确区分往往比较困难。因此，互不补贴定价的应用也受到一定的限制。

2.次优定价

互不补贴定价法在不同使用者群体之间确定了费用分摊的上、下限标准，这些标准往往不是针对使用者个人，而是针对使用者群体的。此外，互不补贴定价法常常也不能把成本全部分摊完毕，仍旧不能完全解决固定设施成本的回收问题。现实中很难得到最优的定价方法，因此就出现了次优定价方法。

次优定价法，又称拉姆奇定价法，即在最优（最有效或福利最大化）定价无法实行的情况下，分摊固定设施成本，利用不同使用者群体的需求价格弹性差别作为分摊固定成本的基础。

根据拉姆奇定价法，每一个使用者群体都要支付一部分固定成本，其中需求弹性最小，也就是其他选择可能最少的使用者群体承担的比重相对最大。该理论的解释是，任何偏离边际成本的定价都会引起运输设施使用中的无效率。对于那些需求弹性较大的使用者，价格上升引起的退出使用的无效率也会较大，而为了尽可能地减少这种无效率，就只好对需求弹性较小的使用者提高价格。

第三节　交通运输价格的管理思考

所谓运输价格管理，是指根据运价本身运动的客观规律和外部环境，采用一定的管理原则和管理手段对运价的运动过程所进行的组织、指挥、监督、调节等各种职能活动的总和。其具体包括规定运输价格的管理模式、管理原则、管理形式和实施管理的基本手段等。

一、交通运输价格的管理模式

运输价格的管理模式是指在一定的社会形态下，国家对运输价格的形成及运行机制等的调节方式。运输价格管理模式的类型取决于社会经济性质和整个社会的经济模式。也就是说，社会经济及其运行模式不同，形成了不同的价格模式，而运输价格管理模式则从属于社会的价格模式。

在社会主义市场经济体制下，社会经济的运行模式应该是"国家调控市场，市场形成价格，价格引导企业"，即国家主要运用间接手段，调节和控制市场。在此条件下形成市场价格，引导企业对商品实施生产、流通、消费和分配。而这种被称为"有控制的市场价格"模式，应是我国价格管理的目标模式，同时也是我国运输价格管理的目标模式。

运输价格管理采用有控制的市场价格模式，其积极作用的发挥是有一定前提或条件的。归纳起来，其主要有以下几方面：第一，市场机制必须与计划机制有机结合；第二，要有一个健全的运输市场体系，市场主体、行为都要求规范化；第三，要有一个比较宽松的社会经济环境，特别是要有一个相对平衡的运输市场供求环境；第四，需要国家的各种法律手段、经济手段、行政手段等有效的调控和指导。

当前，我国运输市场已打破了国有企业经营运输的一统天下局面，各种经济成分能在一定范围内参与市场竞争。但由于运输业体制还未理顺，现代企业制度的实施还处于起步阶段，运输市场的发育不健全，运输市场发出的运价信号往往是失真的。而失真的价格信号会导致运输企业的经营困难甚至决策的失误，会严重影响国民经济的正常运行。因此，在现阶段乃至今后一段较长时间内，国家行业主管部门应更加重视对运输价格的管理。

二、交通运输价格的管理原则

国家对运输业实行有控制的市场价格管理模式时，其管理原则是：统一领导、分级管理；直接管理与间接控制相结合；保护竞争、禁止垄断。

（一）统一领导、分级管理的原则

运输价格管理的"统一领导"，是指涉及全国性运输价格管理工作的价格方针、价格调控计划、定价原则、调价方案与步骤、价格管理法规等内容应由国务院价格主管部门统一制定、统一部署、全面安排，并借助于一定的组织程序和组织机构，采用相应的管理手段，对运输价格管理过程进行组织、监督、调节和协调。

当前，在运输价格管理过程中遇到的突出问题是：因运输市场体系不健全而造成的主体行为的不规范。例如，市场交易中的地方保护主义盛行，主体竞争不公平；"地下"交易、"黑市"交易严重，主体竞争不公开；无证货运代理商比比皆是，利用非法"回扣"中间盘剥等极大地扰乱了运输市场的正常运行。因此，须改革现行运输市场的运作机制，进行"公平、公开、公正"的市场交易。

运输价格的"分级管理"，是指各级政府、运输主管部门按照各自的价格管理权限，对运输价格和收费标准实施的管理。

（二）直接管理与间接控制相结合的原则

对运输价格的直接管理，是指国家直接制定、调整和管理运价的一种行政管理方法。这也是我国20世纪80年代以前对运输价格管理使用的一种主要方法。其基本特点是运价由国家价格主管部门或业务主管部门直接制定并调整，并采用行政手段，强制企业执行。运输价格一经制定，具有相对稳定性。

在社会主义市场经济体制下，在一定范围内保留对价格的直接管理是有必要的。即使是实行自由市场经济体制的国家，也不例外。就我国而言，铁路运输和航空运输基本上由国家垄断经营，目前对国家铁路的客货运价、航空运输的公布运价等实施国家直接管理。如果不这样，则会导致垄断价格，使市场调节作用弱化，最终会影响到国民经济的正常发展。

对运输价格的间接控制，是指国家通过经济政策的制定与实施，并运用经济手段来影响市场定价环境，诱导企业定价行为的一种价格控制方法。它的基本点是国家不直接规定和调整运价，而主要采用经济政策和经济手段来诱导运输企业作出准确的价格决策。

按照前述的运输价格管理采用有控制的市场价格模式，就是要建立以市场形成价格为主体，国家宏观调整的运价形成机制。其实施途径应采用直接管理与间接控制相结合，并以间接控制为主的方式。目前，对于水路、公路运输，随着运输市场的开放，多种经济成分、多渠道的运输格局已经形成，除对少数必须列入国家指令性货物，如抢险救灾、军运物资等实行运价的直接管理外，其余货物运输价格均应采用间接控制的办法，即由企业根据市场供求的变化自主定价。而铁路、航空运输因垄断性强，市场发育程度不高，当前对其运价仍应以采用直接管理为主。但随着我国现代企业制度的建立，运输市场供求关系日趋缓和，应逐步缩小国家指令性货物运输范围，最终达到主要由企业根据市场供求情况自主定价。

为达到政府部门对运输市场交易进行监控的目的，并引导运输企业在运输市场交易中合理定价，国家应建立和完善运输价格信息网络。以水运为例，应将已经组建的航运交易所的有关交易信息联网，各交易所各自对运价信息进行采集并向网内反馈。这样，运输企业可利用计算机终端及时掌握自身需要的运价信息。与此同时，交通运输部运价信息监控中心应定期或不定期地向全国水运系统发布主要航线、主要货种的运价指数，分析运价变化走向，并开展对运输价格的咨询服务。这样，运输企业便可根据自身的条件，参与运输市场的正常交易。若在某些航线发生运价指数异常，大大背离以往正常交易下的指数，运价信息监控中心在进一步确认的前提下，应亮"红灯"以示警诫，必要时应采取果断措施，责令有关航运交易所暂停交易，以保护运输企业或货主的利益。

（三）保护竞争、禁止垄断的原则

价格竞争是商品经济发展的必然产物。在客货运输质量大体相同的条件下，通过不同运输方式之间、同一运输方式各企业之间的运价竞争，达到运输资源的合理配置和提高企业的经济效率。保护竞争，实质就是实行"公平、公开、公正"的市场交易。而地方保护主义、"地下"交易和"黑市"交易等就是不正当竞争行为。

三、交通运输价格管理的形式与手段

（一）交通运输价格管理的形式选择

国家采取何种价格管理形式，是价格管理的最基本内容，是由管理模式决定的。目前，我国采取三种运输价格形式，即国家定价、国家指导价和市场调节价，并限定其各自的适用范围。

1.国家定价

国家定价是由县级以上各级政府价格部门、运输主管部门按照国家规定的权限制定，并负责调整的运输价格。

目前，我国对国家铁路的客货运价实行国家定价。由于国家铁路由国家直接参与经营，具有较强的垄断性。因此，其价格由国家直接制定并实施管理是很有必要的，否则会扰乱正常的运输秩序。但应该看到，按照有控制的市场价格模式，国家定价不等同于过去计划经济体制下的"固定价格"（在制定时，主要根据运输价值而很少考虑其他价格形成因素），而是在定价时，除了反映运输价值外，还应注意在市场经济条件下的客观经济规律的要求，诸如运输市场的供求关系、与其他运输方式之间的比价关系等。同时，还应根据运价指数的走向，定期与不定期地对运价进行调整。

通过举办价格听证会决定价格的调整是中国近些年来在公用事业（基础产业）领域逐渐采用的办法。举办价格听证会意在听取社会各方意见，为调整价格提供参考和依据。根据有关政策，铁路部门可以根据情况，在一些特殊的时期（如节假日、春节等）适当调整旅客票价。自此，铁路客运价格浮动在政策上有了依据，并开始在一些客流高峰时期（如春运）对票价进行浮动。

2.国家指导价

国家指导价是县级以上各级政府物价部门、运输主管部门通过规定基准价、浮动幅度或最高、最低保护价等形式制定的运输价格。

目前，我国对于水路、公路中的旅客运输以及属于国家指令性计划内的货物运输均实行国家指导价。由于我国水路、公路运输市场已基本确立，市场竞争机制也已基本形成，从理论上看可不失时机地全部实行市场调节价。但目前对于旅客票价以及属于关系到国计民生的重要物资、抢险救灾物资等列入国家指令性计划运输的价格仍不宜仓促放开，否则会造成社会不安定或给人民生活带来较严重的影响。即使如此，国家还是应兼顾运输企业的经济利益，由企业根据市场供求情况，在规定的浮动幅度范围内自主定价。

3.市场调节价

市场调节价是运输企业根据国家有关政策和规定，主要通过市场供求情况自行确定的运输价格。除了国家定价和国家指导价外，运输企业均采用市场调节价。目前，我国公路货运和水路运输已经完全放开，实行市场调节价。

按照我国运输价格的管理模式，最终应实现以市场调节价为主、国家定价和国家指导价为辅的价格管理形式。只有这样，才有利于价值规律在市场体系中真正发挥调节运输供求，合理配置运输资源，提高运输企业生产效率等作用。只要国家所采用的调控手段运用得当，市场调节价必然会推进运输业乃至整个国民经济的健康发展。

（二）交通运输价格管理的常用手段

根据有控制的市场价格模式及其相应的直接管理与间接控制相结合的管理原则，运输价格管理手段应是法律手段、经济手段和行政手段的三者结合体。

1.法律手段

价格管理的法律手段，是指国家通过制定价格法律、法规对价格进行规范化的管理。就运输价格而言，就是指规范其管理形式和管理权限、调价的基本原则、保护措施、禁止运输价格垄断和暴利行为的措施和制裁办法等。

2.经济手段

市场调节，实质上是利益机制的自动调节。它是通过价格信号使社会资源流向需要的、效益高的部门，从而达到资源的优化配置。但它同时又有自发性和调节的滞后性，这样就有可能导致资源的浪费。当一个部门产品供不应求，引起价格上升，从而利润率较高时，社会资源就会自动流向该部门，并由此得到有效的利用。但这种流动只有在超过供求均衡点以致造成供给大于需求、价格下跌、利润率降低时才会停止。结果，这个部门因生产能力过剩而造成社会资源的浪费。

以经济手段管理运输价格，是指国家利用财政、税收、货币、信贷、投资等经济手段来影响和控制运价水平，即改变原来的事后价格对资源的调节为事先调整运价的形成机制，从而达到社会资源的合理配置和运输能力的最有效使用。

运输业是一个初期投资大、投资回收期长、对国民经济发展具有举足轻重作用的基础产业。除了运输企业本身应适应运输需求的变化，准确选定、实施经营决策并改善经营管理外，国家应对运输业进行必要的扶植。世界各国大都对运输业推行经济扶植政策。

3.行政手段

行政手段是指国家运输主管机关或部门运用行政命令，下达统一的运价和实施带强制性的措施和监督等办法，管理和协调各种价格关系的一种手段。

我国长期以来主要通过行政手段来管理运输价格，这在计划经济体制下是完全有必要的。在市场经济体制下，应更注重法律手段或经济手段管理价格，但也并非完全取消采用行政手段。例如，铁路运输由国家经营，采用行政手段管理其价格就比较有效；社会发生非常事件或生产故障而急需运输某些物资，就必须由有关部门运用行政命令的办法责令有关运输企业按国家定价或国家指导价实施运输等。

但是，随着我国经济体制改革的进一步深化，以行政手段管理运价的范围应逐步缩小，否则会损害运输企业的经济利益而影响运输市场的正常交易。当前，各地正在筹建或已经设立的运输行业协会，采用法律手段、经济手段、行政手段为一体的价格管理模式，效果明显，值得推广。

结束语

如今，我国已经实现由高速发展转变为高质量发展，经济也进一步提升，同时城市化进程也在加快，而国家的耕地资源非常有限，在城市化扩张的过程中不可避免地要占用原本稀少的耕地。同时，由于人们已经由解决生活温饱转变到对美好生活的需求，大量人口从农村转移到城市，产生人多地少、住房紧张的矛盾，为了城市更好的发展，必须稳定人口，建设交通，维护好城市秩序。

交通建设往往关系到一个地区的未来规划和发展。一个交通工程的建设要涉及国家政府的规划，还要考虑到地质、人口基数、环境保护、资金等多个环节，需要耗费巨大的人力物力，一个交通工程的成功建设可以成为一座城市的支持，但如果一座城市的交通工程落后或者不便，则会影响城市的资源引入以及今后的发展，起反向作用，因此对交通工程建设必须反复考量和做好前期准备。为了促进经济的良性循环，对交通工程研究具有重要意义。

参考文献

一、著作类

[1]蔡果，何树林.道路交通工程[M].北京：中国人民公安大学出版社，2015.

[2]贾顺平.交通运输经济学[M].北京：人民交通出版社，2019.

[3]刘南，汪浩.交通运输管理[M].杭州：浙江大学出版社，2019.

[4]卢明银.运输经济学[M].徐州：中国矿业大学出版社，2016.

[5]帅斌，李明，胡骥.交通运输经济[M].成都：西南交通大学出版社，2011.

[6]王炜.交通工程学（第3版）[M].南京：东南大学出版社，2019.

[7]于德新.交通工程学[M].北京：北京理工大学出版社，2019.

二、期刊类

[1]曹红.基于"互联网+"时代的交通运输经济发展[J].产业与科技论坛，2022，21（7）：14-15.

[2]陈艳.城市道路通行能力设计要点分析[J].城市道桥与防洪，2017（3）：33-35.

[3]崔建伟.道路通行能力评价方式的分析[J].建筑工程技术与设计，2015（11）：1777.

[4]黄渊.交通运输供需结构均衡研究[J].管理学家，2014（12）：473-473.

[5]李娟.交通运输对城市经济发展的促进与影响探究[J].中国市场，2022（11）：77-79.

[6]李晔.运输需求浅析[J].现代交际，2018（4）：254，253.

[7]李一林.城市道路交通安全设施对交通安全的影响剖析[J].中国设备工程，

2022（8）：258–259.

[8]吕京朝.道路交通安全设施设计研究[J].数码设计（上），2021，10（1）：143–144.

[9]沈艾中.道路交通管理改革的若干思考[J].公安学刊（浙江警察学院学报），2015（5）：104–107.

[10]宋歌.道路通行能力的计算[J].中国储运，2010（9）：83–84.

[11]宋学文，庄子萱.交通运输与社会经济发展互动关系分析[J].江西建材，2022（1）：217–218，221.

[12]锁嘉.道路交通安全评价技术[J].交通标准化，2008（6）：80–85.

[13]檀华梅，吴丽霞，郑慧敏.城市道路交通安全分析[J].造纸装备及材料，2020，49（4）：157–158.

[14]万明，吴倩，严利鑫，等.道路交通安全研究的现状与热点分析[J].交通信息与安全，2022，40（2）：11–21，37.

[15]王超群，于德军.人工智能在道路交通管理中的应用[J].魅力中国，2020（11）：383–384.

[16]魏慧丽.新时代交通运输经济面临的挑战及对策研究[J].经济师，2022（5）：291–293.

[17]殷子娟.经济增长与交通运输发展相关性分析[J].中国市场，2022（5）：69–71.

[18]余旋.道路交通安全设施设计研究[J].黑龙江交通科技，2021，44（1）：194–195.

[19]张宇.城市道路交通安全管理对策浅述[J].建筑工程技术与设计，2017（8）：2448.

[20]祝成航.关于加强交通运输业成本控制的思考[J].中国乡镇企业会计，2020（4）：135–136.